故事里的中国历史

西汉故事

林汉达 著

吉林出版集团股份有限公司

版权所有　侵权必究
图书在版编目（CIP）数据

西汉故事 / 林汉达著. -- 长春：吉林出版集团股份有限公司，2023.1
（故事里的中国历史）
ISBN 978-7-5731-2663-4

Ⅰ. ①西… Ⅱ. ①林… Ⅲ. ①中国历史－西汉时代－青少年读物 Ⅳ. ①K234.109

中国版本图书馆CIP数据核字（2022）第241073号

XI HAN GUSHI
西汉故事

著　　者：林汉达	绘　　图：冯　戈
出版策划：齐　郁	装帧设计：观止堂_未　氓
项目统筹：郝秋月	责任编辑：孙　瑶　孙骏骅
选题策划：赵晓星	

出　　版：吉林出版集团股份有限公司
　　　　　（长春市福祉大路5788号，邮政编码：130118）
发　　行：吉林出版集团译文图书经营有限公司
　　　　　（http://shop34896900.taobao.com）
电　　话：总编办 0431-81629909　营销部 0431-81629880/81629881
印　　刷：长春新华印刷集团有限公司

开　　本：170mm×240mm　1/16
印　　张：18.5
印　　数：1-10000
版　　次：2023年1月第1版
印　　次：2023年1月第1次印刷
书　　号：ISBN 978-7-5731-2663-4
定　　价：39.80元

（印装错误请与承印厂联系　电话：0431-86059088）

序

我和林力平先生相识已有近三十年的时间了。他待人宽厚，处事随和，给我留下了深刻的印象。相识不久，我得知林先生的祖父就是著名的教育家、历史学家、文字学家林汉达，其家学渊源有自。如今欣闻林老长孙林力平薪火相传，爷孙共著历史故事，真是一大幸事。

记得我在很小的时候，就拜读过林老撰写的《东周列国故事新编》《前后汉故事新编》及《林汉达中国历史故事集》，虽然由于年少，尚未从事专职历史研究工作，然而从书里了解到许多历史常识，受益颇深。林老的著作深入浅出，通俗易懂，的确是非常有趣的少儿读物；而林老的大家风范，更是给我留下了深刻印象。

转眼半个世纪过去了，林老的著作在今天仍然有着广泛而深远的影响，是弘扬中华优秀传统文化极好的教材。几年来，林力平先生秉承林老的遗志，事必躬亲，继承和发扬了前辈的治学精神，将这套中国历史故事加以改写和续写，夜以继日地完成了祖父生前的遗愿，洋洋洒洒近80万字，堪称巨制，为广大青少年读者朋友献上了崭新的篇章，也是对林汉达老前辈最好的纪念。

作者在书中娴熟地运用通俗化的语言文字，将千古兴亡的历史故事娓娓道来。读来情趣盎然，新意迭出，颇显家学风骨。书中对主要事件梳理清晰，衔接有序；对人物描绘生动，刻画细腻。轻松明快的语言，将历史人物的心理刻画得惟妙惟肖。文中对话声情并茂，呼之欲出，与人物形象浑然一体；夹叙夹议的写作手法，犹见在理性的思辨中，以饱含人性的笔墨再现千年青史，如同一幕幕的动态影像，呈现在读者面前。

吉林出版集团在林汉达《中国历史故事集》的基础上，融入林力平先生续写的相关部分，将这部中国历史从先秦时期一直讲到清朝末年。这项举措，彰显了出版单位的睿智与魄力。我曾经自拟一副对联："千秋功过评非易；万般学问治史难。"

衷心期盼林力平先生续写完成的《故事里的中国历史》，能够让更多的青少年朋友了解祖国的历史，洞察人类社会发展的大趋势。

北京市社科院历史研究所研究员　王岗

于 2022 年 10 月 30 日

自序

爷爷林汉达生于1900年，是中国著名的教育家、历史学家、语言学家、文字学家和翻译家，曾任燕京大学教授、教务长，中华人民共和国教育部副部长。爷爷生前一直从事教育工作、通俗历史读物写作和中国文字改革工作，是语文现代化的倡导者和推动者。

从上世纪五六十年代起，他开始致力于用通俗化的现代汉语撰写中国历史故事。自20世纪60年代起，陆续出版了《东周列国故事新编》《前后汉故事新编》《三国故事新编》《中国历史故事集》《上下五千年》等版本。爷爷写的这些历史故事文风幽默，通俗易懂，囊括了从我国春秋、战国、西汉、东汉一直到三国末期上千年发生的历史故事，成为我国最早使用通俗语言，讲述真实历史故事的开山鼻祖，至今读来脍炙人口，成为千家万户书架上的必备书目。半个多世纪以来，伴随着一代代青少年的成长，深受广大读者朋友们的喜爱。

祖孙之情，不忘教诲——

我是爷爷的长孙，从小就和爷爷奶奶共同生活在北京西单辟才胡同的一所小院里。记得上小学时，我做完功课就常推开爷爷书房的门，站在他对面按着书桌，调皮地轻声念着爷爷刚写出来的每一个字。他总是从老花镜后面抬眼看我一下，接着继续写他的书。窗明几净的书房里，宁静得只有钢笔尖在稿纸上沙沙作响的声音。

记得上五年级高小毕业班时，有一次放学后，我在爷爷的书桌前站着看他写作良久，就想溜到小院里去玩儿一会儿，谁知刚一挪步，爷爷却开口了："先别走，今天帮我做点儿活儿。"我一听爷爷给我下任务，不禁兴奋起来，接着开始按照爷爷的要求，标注书中一些汉字的拼音，誊写一两页爷爷刚刚修改过的手稿，然后用普通话的发音朗读给他听。

从小学到中学，秉承爷爷的谆谆教诲，使我至今仍清晰地记得，他给我在语文学习上确定的方向，即"通俗化、口语化、规范化"。这对我一生的学习和写作影响巨大。作为爷爷身边的长孙，我比较熟悉他的行文笔触、写作风格以及采用的语言方式，并且有幸经常得到他老人家的悉心指导，受益匪浅。

记得上中学时，有一天爷爷把我拉到他身边，语重心长地对我说："我身体已经不如从前了，希望你将来能够继承我的事业，把我没有写完的历史故事续写完成。"我含着泪听完了爷爷的这番话，默默地点了点头。1972年7月26日，爷爷不幸病逝，享年72岁，我那年才18岁。

继承发扬，薪火相传——

时隔半个世纪，爷爷的这番话时常在耳边响起，只因多年来忙于策划和主持全国艺术创作研讨会的工作，遂将续写林汉达历史故事的任务放在了心中一角。光阴荏苒，转眼到了退休年龄，强烈的使命感，促使我重温爷爷生前写下的长篇历史故事丛书。

2020年早春时节，欣逢吉林出版集团的赵晓星老师来访，寒暄须臾，在茶香氤氲中，我们很快谈到如何续写林汉达的中国历史故事的话题。在数年之前，她曾在电话里与我谈及此事，那时我忙于工作，觉得这是一件令人憧憬而遥远的事情。如今我们越聊越觉得这件事情意义重大，而且迫在眉睫。

听晓星老师讲，她在学生时代就读过林汉达写的历史故事，从事专业出版工作后，她出版的第一套书也是中国历史故事，可见其心系国史，情有独钟。她希望我能够续写林汉达中国历史故事自三国以后的章节，直至清末。这与我素来的心愿不谋而合，我终于有了一个实现爷爷嘱托的良好契机。能够沿着爷爷的思维脉络、文风笔触，俯身在他老人家辛勤耕耘的禾田里培土育苗，去开垦新的处女地，去拓展新的历史篇章，成为我的光荣使命。

我们决定新编一套《故事里的中国历史》，包括《春秋故事》《战国故事》（改编自原中华书局出版的《东周列国故事新编》），《西汉故事》《东汉故事》（改编自原中华书局出版的《前后汉故事新编》），《三国故事》（改编自原上海少儿出版社出版的《三国故事新编》），以及由我续写的《魏晋南北朝故事》《隋唐故事》《宋元故事》《明朝故事》《清朝故事》，前后相加共十册，同时出版发行，以飨读者。

由于工作量巨大，前四本交由吉林出版集团相关编辑进行改编，再交由我审校。第五本《三国故事》由我来改编。随后，我将爷爷撰写的《三国故事新编》原稿反复通读，根据历史人物的主次、事件的大小，以及对后世影响的轻重来悉心衡量比对，由此勾勒出主体框架，再精心挑选出人物与事件相对重要的部分，进行了前后文有机的联结与凝缩合并，以突出主线的叙事连贯性。

为了承前启后，方便读者阅读，按照爷爷生前的嘱托，运用通俗化的语言，在缩写与改编的过程中，我采取了三个方面的注重：

一、在尊重真实历史事件的基础上，注重对历史人物形象的描写，尤其对人物内心产生的复杂情感进行细致的分析与推敲，旨在多视角地呈现各类人物的性格特征，使特定人物的发展较为客观地走向各自不同的命运，并通过运用一些蒙太奇的时空叙事方法，以方便读者全方位地审视理解和阅读品鉴。

二、对于不同人物的形象塑造，注重设计生动的语言对话来进行描述，从而突出不同人物的性格特征和个性差异，其间力求声情并茂、呼之欲出。此外，对一些主要战役通过类似电影画面的动态描述，再现了兵戎相见的冷兵器时代各种激烈的战斗场景，旨在跃然纸上、栩栩如生。

三、运用国粹韵辙知识，注重行文的流畅性与对仗的工整性。同时，将古代官文书信中的文言词藻，运用相对通俗化的阐释，将士族与大众在语言及书信中存在的差异，通过采用不同层面的语汇来进行表达，以体现故事中特定人物的真实性。

夜以继日，事必躬亲——

缩写爷爷的原稿，是一件极具挑战性的事情。我十分慎重地对照着爷爷的原著，逐字逐句地进行通读和精选篇章，以点带面地将人物和事件进行有序串接，做到既有铺陈又有重点；对前后章节的叙述，在注重故事衔接的基础上，去枝除蔓，以突出主线。当我夜以继日地默读着爷爷的原稿，字里行间，仿佛他老人家的言谈话语、音容笑貌，仍然历历在目。

将爷爷的书稿保持通俗化的特有风格，继承和发扬老少皆宜、通俗易懂的大众化语言，使真实的故事让读者能够朗朗上口，是本书写作的宗旨。为了适应新世纪读者的阅读方式和语言习惯，酌情采用了一些新词汇和新语境的表述方法；对现今已不常用的表达方式，亦酌情做出了必要的调整。

通过三个月的努力，我将爷爷的 120 章、50 万字的三国故事原稿，改编缩写成 60 章，13 万字。接着进行后五册续写续编的工作，在此期间，悉数浏览、翻阅参考了各类经典史书里的记载，通过反复鉴别，仍然采用缩写林汉达《三国故事新编》的原则和方法，将艰涩、冗长而繁杂的历史事件甄选出重点，并始终遵循以略带京味儿的通俗化语言来进行表述，在避繁就简的故事叙述中，力求描述得真实准确。

为了拓展读者的视野，满足多元的阅读需求，在一些篇章里，笔者加入了一些有关文化艺术、科技方面的故事，旨在让读者了解不同历史时期科技文化的发展成果。与此同时，按照爷爷生前在语言上提倡的"三化"要求，力求做到朴实无华、通达明快。

手绘插图，相得益彰——

该套历史丛书的插图，由美术功底深厚的名家绘制，形象生动、造型准确、人物传神，惟妙惟肖地体现了书中故事的主题，以图文并茂的形式呈现在读者面前，使读者尽享绘画艺术的陶冶，领略名家插图的风采。

作者期待，明鉴国史——

通过广泛阅读史料，融会贯通，加工提炼，为此笔耕不辍，历时近三年之久。今天，这套新出版的《故事里的中国历史》丛书终于要面世了。为此，衷心感谢广大读者朋友们的殷切期待！感谢出版单位全体团队的精诚合作！感谢业界名家们的大力支持和热情的鼓励！

在此，由衷地期待广大青少年和各界朋友，能够喜欢这套真实而有趣的历史读物。其中娓娓道来的一个个小故事，如同隐藏在一个巨大的历史宝库里，等待着您来认识发掘，借此梳理千秋，在洞察历史发展的规律中，悉心品鉴那些值得回味的人和事。

2022 年 11 月 18 日　于北京

第十六章	金屋藏娇	一〇一
第十七章	排斥百家	一〇九
第十八章	滑稽大王	一一五
第十九章	飞将军	一二一
第二十章	武功爵	一二八
第二十一章	封狼居胥	一三四
第二十二章	再通西域	一四一
第二十三章	天下十三州	一四七
第二十四章	苏武牧羊	一五三
第二十五章	尧母门	一五九
第二十六章	捡掘木头人	一六六
第二十七章	轮台悔过	一七三
第二十八章	托狐	一八二
第二十九章	苏武回国	一九〇
第三十章	聪明的少帝	一九九

目 录

第一章　汉高祖登基　〇〇一

第二章　上朝的仪式　〇〇八

第三章　白登被围　〇一四

第四章　和亲　〇二一

第五章　极权以为不可　〇二九

第六章　平定南方　〇三五

第七章　白马盟约　〇四二

第八章　太后临朝　〇五〇

第九章　汉文帝即位　〇五七

第十章　废除连坐法　〇六四

第十一章　耕种的榜样　〇七一

第十二章　废除肉刑　〇七七

第十三章　有生必有死　〇八二

第十四章　削地　〇八八

第十五章　平定七国　〇九五

第三十一章	立昏君	二〇六
第三十二章	废昏君	二一三
第三十三章	故剑情深	二二〇
第三十四章	霍家的败亡	二二七
第三十五章	功臣画像	二三五
第三十六章	外戚和宦官	二四一
第三十七章	昭君出塞	二四九
第三十八章	攀断栏杆	二五八
第三十九章	谦恭下士	二六六
第四十章	改朝换代	二七五

第一章 汉高祖登基

秦朝末年，自从陈胜、吴广起义之后，天下群雄并起，其中最著名的是项羽和刘邦。公元前206年，秦朝灭亡，项羽自封为西楚霸王，封刘邦为汉王。但经过五年的楚汉之争，汉王刘邦胜出，得到了诸侯王的拥护。

公元前202年二月，楚王韩信、梁王彭越、淮南王英布、韩王信、故衡山王吴芮、赵王张敖、燕王臧荼等联名尊汉王刘邦为皇帝。汉王再三推让，最后他说："要是诸君一定认为这样做好，对国家有好处，我只好答应了。"汉王在汜水（汜 fàn）的南面（在今山东省菏泽市西南）登基，做了皇帝，史称汉高祖，他立吕氏为皇后，立公子盈为皇太子。

汉高祖因为吴芮（曾做过衡山王）率领着百越的士兵帮助诸侯灭了秦国，功劳挺大，就封他为长沙王，以临湘为都城，把长沙、豫章、象郡、桂林、南海这些郡的土地都封给他，叫他镇守南方；因为前闽越王无诸（名叫无诸，是越王勾践的后代）率领着闽中的士兵帮助诸侯灭了秦国，功劳也不小，就封他为闽越王，把闽中郡的土地封给他，叫他镇守东南。

这样，算上已经封过的王，汉高祖一共分封了八个王，就是：楚王韩信、梁王彭越、淮南王英布、韩王信、赵王张敖、燕王臧荼、长沙王吴芮、闽越王无诸。除了分封给这八个王的土地以外，其余的地方仍旧照秦朝的制度设立郡县，由朝廷直接派官吏治理。

汉高祖暂时把洛阳作为京城，一面把太公、吕后、太子、公主、戚夫人以及皇亲国戚们都接到洛阳来同享富贵，一面打发八个王回到自己的领土去。

汉高祖分封了八个王，把他们打发走了以后，第二步就要裁减军队，安抚百姓，优待官员了。他让征来的士兵复员回家，又下了一道诏书，说："以前有不少人因为战争离开了家乡，聚在山林里或者躲在水泽地区，他们连户口都没有。现在天下已定，就该各归各县，恢复自己的田地和住宅。官员对百姓要用文法教训，劝化他们，不准像以前那样随便鞭打、侮辱。七级以上的大夫都有食邑，七级以下的大夫只领俸禄，自己和家属不必交纳赋税。"这样一来，文武官员和百姓皆大欢喜，大家认为汉朝的统治实在比秦朝好得多了。第三步就得按功论赏分封其他的功臣，这可就太伤脑筋了。虽然不能征求意见，也得做点准备工作。最要紧的是叫这些大臣心服，不能小看皇帝。

汉高祖就在洛阳南宫摆上酒席，请大臣们都来参加这个庆功宴会。大伙儿喝开了酒，正在有说有笑的时候，汉高祖忽然叫他们静下来。他说："各位公侯，各位将军！咱们今天欢聚一堂，说话不必顾忌。我要问问你们：我是怎么得天下的？项羽又是怎么失天下的？请你们说说。"

大伙儿没想到喝酒还有这一套花样，他们不知道怎么说才好，这就咬开耳朵了。过了一会儿，王陵仗着他跟汉高祖的特别交情，就毫无顾忌地先发言了。王陵和汉高祖是同乡，从小是朋友。汉高祖因为他比自己年长，一向把他当作哥哥看待。这会儿王陵起来，说："皇上一向傲慢，老侮辱别人；项羽比您虚心得多，心眼又好。可是您派谁进攻城邑，只要打下来，就会赏给谁。您给别人好处，别人就都替您卖命，所以您得了天下。项羽一向妒忌、猜疑，有功劳的人他妒忌，有才能的人他猜疑。打了胜仗，不记别人的功劳；得到了土地，不肯赏给别人。他不给别人好处，别人又怎么能替他去拼命呢？所以他失了天下。"

汉高祖听了，觉得王陵的话又是赞成封建割据的老一套。他笑着说："你说得对，也不对。你只知其一，不知其二。你看我有什么本领啊。坐在军帐里制定作战策略，千里以外的胜败都能算得出来，论这一点，那我就比不上子房；镇守国家，安抚百姓，能够源源不绝地供应军饷，这一点我也比不上萧何；统率百万大军，一交战就打胜仗，只要进攻准能把城池拿下来，这一点我怎么也比不上韩信。这三个人都是杰出的人才，我能够重用他们，

故事里的中国历史

〇〇四

所以我得了天下。项羽连一个范增都不能用，怪不得被我灭了。"在座的文武大臣听了这一番话，都说："皇上的话一点没错！"汉高祖觉得挺得意。

汉高祖挑选了一批功臣，把他们封为列侯。那时候天下还没安定下来，城里的人大部分都逃散了。那些重要的城邑，因为遭到的战争破坏比别的地方大，户口就更少了，十户人家经过这八九年的战乱也就剩下两三户了。因此，列侯们所分到的户口并不多，大的侯也不到一万户人家，小的侯只分到五六百户。大小诸侯都拿封地名作为封号，例如萧何的封地是酂县（酂 zàn），就称为酂侯。

在这些受封的功臣当中，最出名的有这样一些人：酂侯萧何、淮阴侯韩信、平阳侯曹参、绛侯周勃、汝阴侯夏侯婴、舞阳侯樊哙、颍阴侯灌婴、户牖侯陈平、安国侯王陵、曲周侯郦商、堂邑侯陈婴、阳夏侯陈豨、辟阳侯审食其。

以前没受封的时候，将军们互相争功，受封了以后，他们又有意见。他们说："我们的功劳是拼着性命换来的呀。冲锋陷阵，不顾死活，多的打了一百来次仗，少的也打了几十次。萧何并没立过汗马功劳，仅仅仗着一支笔、一张嘴，写几个字，说几句话，地位反倒比我们高，这是凭什么呢？"

汉高祖听了，觉得这批人粗里粗气的，好笑。跟他们讲大道理是讲不通的，他也就粗里粗气地打个比方对他们说："诸君见过打猎吗？追赶野兽，把它们逮了来的是狗，指挥狗的是人。诸君只能够逮野兽，都是'功狗'；萧何能指挥你们去追野兽，他是'功人'。'功狗'怎么能跟'功人'比呢？"这批将军们听了汉高祖的话，才知道自己原来是狗，只好乖乖地夹着尾巴不出声了。

在汉高祖看来，萧何的功劳最大，所以封给萧何八千户。对待张良可又不同了，他一直像尊敬老师那样尊敬着张良。因此，汉高祖请张良自己挑三万户，作为他的封地。张良可不要这个，他说："我在留城一见到皇上，就蒙皇上信任，这是上天把我交给了皇上。如果皇上一定要封我，那么有个留城就够了，三万户绝不敢当。"汉高祖就封张良为留侯。

有一天，汉高祖从宫殿上望出去，瞧见远远地有一群人坐在沙滩上交头接耳好像正在商量着什么，不由得犯了疑心。再仔细一瞧，还都是武官，疑心就更大了。汉高祖马上叫张良进去，把刚才看见的情形告诉了他，问他："他们在干什么？"张良好像早已合计好了怎么回答，他说："他们聚在一块儿商量造反！"汉高祖吓了一大跳，说："啊？天下已经平定了，他们干吗要谋反呢？"张良说："皇上由平民起兵，靠着这批人得了天下。现在您做了皇帝，封的都是一向要好的人，杀的都是生平痛恨的人，有功劳的将士还多着呢，哪儿有这么多的地方封给他们？他们没受封已经够丧气的了，生怕皇上再追查他们的过失，给个罪名，一个一个地收拾他们。他们认为不能不防备，只好背地里商量着造反。"

汉高祖着急地问："这怎么办？请先生替我出个主意。"张良说："大家都知道的、皇上一向最恨的，是哪一个人？"汉高祖说：

"我最恨的是雍齿。当初我起兵,刚打下了丰邑,叫他守在那儿,他无缘无故地投降了魏国,跑到项羽那边去。他逼迫过我很多次,后来他归顺了我,那时候我正需要人,只好把他收下。我早就想杀他,可是他到了我这儿又立过不少功劳,我也不便再算旧账,只是我每回见了他,老觉得像眼皮里夹着颗沙子似的那么不舒服。他们也都知道我是讨厌他的。"张良说:"快封他为侯,别的人就能安心了。"

汉高祖虽然痛恨雍齿,可是张良的话他是百依百顺的。他就召集了大臣们,举行了一个宴会,在宴会上封雍齿为什方侯。文武百官这一次酒喝得最痛快,他们说:"雍齿都封了侯,我们还怕什么呢?"

第二章 上朝的仪式

汉高祖把秦朝苛刻的法令和麻烦的仪式全都废了，这原本是一件好事情，可是没有确定的法令和仪式也有不方便的地方。单说各种仪式吧，这原本是大家共同遵守的一些规矩。现在把旧规矩废了，新规矩还没定出来，的确不大好。

汉高祖手下的一班大臣从前大多是农民和干小手工艺出身的，本来就不像读书人那样讲究礼节。再说有些大臣还是汉高祖小时候的朋友，大家更没有什么拘束了。这班武人，天下是他们打下的，还有什么顾忌的？老是喝酒争功、吵架拌嘴。喝醉了酒，更加无法无天地闹着、嚷着，也不管什么爵位不爵位的，彼此直呼名字。性子上来了，就在朝堂上拔出剑来，劈这个，砍那个，简直什么都闹得出来。

汉高祖实在看不过去，可是都是自己人，多年的朋友，真要拉下脸来，自己也觉得说不过去。谋士叔孙通知道汉高祖讨厌他们这些举动，趁机对汉高祖说："打天下用不着读书人，可是要治理天下，读书人是少不了的。我打算到礼仪之邦的鲁地去聘请一些熟悉礼节的儒生，叫他们和我的门生共同拟定一套上朝的仪式，这是十分需要的。皇上能不能答应我这么办？"汉高祖说："好是好，就怕学起来太难。"叔孙通说："三皇、五帝、夏、商、周各有一套礼节、仪式。因为时代不同、情况不同，礼节仪式也都有一些改变。我打算参考古代的礼节，再采取一部分秦国的仪式，定出一套上朝的规矩来。大家练习练习，也就不难了。"汉高祖说："那你就试试去吧，不过不要定得太难。要容易学，能让我也学得会的才好。"

叔孙通原本是秦朝的博士，秦朝的礼节仪式他是知道的。秦始皇统一六国以后，就制定了一套仪式，六国的礼节仪式中凡是尊重君王、压制臣下的地方他都采用。叔孙通所拟定的上朝的仪式基本上就是秦朝的那一套。可是大家一提起秦朝来，都有点头痛。叔孙通了解到这一层，因此他才装模作样地要到鲁地去聘请儒生来，让大家相信他定的那套上朝的仪式是礼仪之邦的儒生定的，而不是秦朝的。

叔孙通就这么用"挂羊头卖狗肉"的手法规定了一套上朝的仪式，带领着三十个鲁地的儒生和一百多个门生到野外去练习。他用茅草作为标记，用绳子拴成各种等级的位置。他们天天练习怎么走、怎么站、怎么下跪、怎么磕头、怎么起来、怎么举杯、怎么上寿。排演了一个多月，全熟透了。他请汉高祖去看看将来准备怎么上朝、行礼。汉高祖看了，很满意。他说："这我也能办到。"他就吩咐朝廷上的文武大臣都到野外去练习，叫他们听从叔孙通的指挥和一百多个助手的辅导。

到了第二年，就是公元前200年，萧何已经在栎阳修好了宫殿，汉高祖把这座宫殿叫"长乐宫"，择了一个好日子正式在长乐宫临朝。到了那一天，天还没亮，诸侯、大臣都去朝贺，殿门外早有招待人员等在那儿，把诸侯、大臣按着次序领到里面，分别站在东西两旁。功臣、列侯、将军、军吏按照等级面向东站在西边；丞相以下的文官也按照等级面向西站在东边。殿上早就布置好了仪仗队、卫兵等这些人，在固定的位置都有旗子。场面非常严肃、整齐。

司仪高喊一声，乐队奏起乐来，汉高祖的车从里面出来，他慢慢地下了车，上了宝座，面向南坐下。司仪传令，叫诸侯王、丞相、列侯及以下官员按着次序拜见，在位置上坐下。大家恭恭敬敬地举杯上寿，各人喝了几杯。其中也有几个喝了酒后伸懒腰、打哈欠的，马上有执法的御史把他们领出去，不准再进来。因此，朝廷上尽管喝着酒，可没有人再敢失礼，更不用说吵架了。

也许有人会想：这么死气沉沉的祝贺，弄得每个人缩手缩脚的，有什么意思呢？可是汉高祖就喜欢这一套，因为这要比拿着宝剑劈这个砍那个、大声嚷嚷的强得多了。汉高祖一看，皇帝是皇帝，臣下是臣下，有上有下、有尊有卑，这多好！他高兴得说出真心

西汉故事

话来了。他说："我今天才知道做皇帝的可贵！"他马上拜叔孙通为太常（管礼节、仪式和祭祀的大官），还赏给他五百斤黄金。叔孙通趁着这个机会向汉高祖推荐他的一百多个门生。他说："我这班弟子已经跟了我许多年了，这次跟我共同拟定上朝的仪式，请皇上提拔。"汉高祖正在兴头上，都叫他们做了官。

汉高祖唯恐将士们谋反，把重要的功臣都封了侯，又定出这些上朝的仪式来，想把这些拿兵器的武夫训练成知道上尊下卑的大臣，可他忽视了边境上的防备。他为了夺回韩王信的封地，把接近匈奴的太原郡改为韩国，让韩王信去镇守马邑。他这么布置，并不是像秦始皇那样真正为了抵御匈奴派自己的儿子（扶苏）和重要的大将（蒙恬）去镇守。汉高祖只是有意地把自己不太信任的人送到远处去就是了。韩王信当然也知道他的用意。因此，匈奴打进来，围住了马邑，韩王信就准备跟匈奴讲和。

匈奴本来早就进了河南（指黄河的南边，就是现在的内蒙古河套及其以南地区），后来秦始皇派蒙恬带领着三十万大军把他们打败，又在那边修了长城，北边这才太平了几年。等到秦二世完了，中原诸侯只顾自己抢地盘，匈奴就一步一步地往南打过来。此时匈奴的首领冒顿单于（冒顿 mòdú，人名；单于，是匈奴王的意思，相当于中原的天子；单 chán）带领着四十多万人马进攻中原，包围马邑的就有一二十万人。

韩王信立刻派使者向汉高祖求救，可是远水救不了近火，就算朝廷立刻发兵，一时也赶不到。韩王信还想用个缓兵之计，派人到冒顿单于营里去讲和。讲和还没成功，风声已经传出去。

汉高祖立刻派人去责备韩王信，韩王信害怕汉高祖比害怕冒顿单于还厉害，他干脆把马邑献给匈奴，自己做了冒顿手下的大将。冒顿就带着匈奴兵直扑太原。这可把汉高祖气坏了，他亲自率领三十多万大军去攻打韩王信和匈奴。

第三章 白登被围

冒顿本是匈奴首领头曼单于的太子。头曼单于爱上了一个美人儿，立她为阏氏（yānzhī，就是皇后的意思）。阏氏生了个儿子，头曼单于就打算废去太子冒顿，要把小儿子立为太子。他采用借刀杀人的办法，派太子冒顿到月氏（yuèzhī，部族名，在匈奴西边）去做人质，接着就发兵进攻月氏。月氏当然要杀冒顿，冒顿偷了一匹快马，一个人逃回来了。头曼单于知道冒顿有胆量，就派他做将军，带领一万人马。

冒顿忘不了他父亲借刀杀人的仇恨，又怕太子的地位保不住，便加紧操练人马，扩充实力。他发明一种箭，射出去能发出很大的声音，叫作"响箭"（古文叫"鸣镝"）。他下了一道命令：

他射了响箭，其余的人都得向同一目标射去，凡是不向响箭所指的那个目标射去的，就得砍头。在打猎的时候，见了一只野兽，只要用响箭一射，没有射不着的。

有一次冒顿用响箭射自己的一匹快马，有几个手下人不敢动手，他就把他们杀了。又有一次，他拿响箭射自己最宠爱的女人，又有几个手下人不敢动手，他又把他们杀了。过了几天，他拿响箭射单于的一匹快马，手下人全都跟着射那匹马。冒顿知道他的手下人已经完全听他指挥了。

公元前209年（秦二世元年），有这么一天，冒顿跟着父亲头曼单于一块儿打猎，他用响箭射头曼，他的手下人一齐都射头曼。冒顿接着杀了他的后妈和小兄弟，自己做了单于。那时候，东胡（部族名，在匈奴东边，所以叫东胡）很强，东胡王听到冒顿杀了父亲，自立为单于，就派使者来，要头曼的一匹千里马。冒顿问大臣们怎么办。他们说："千里马是匈奴的宝贝，咱们不能给。"冒顿说："为了结交邻国，难道我舍不得一匹马吗？"他就把千里马送给东胡。

东胡王知道冒顿不敢得罪他，于是一面往西边侵略过来，一面派使者来要求冒顿把东胡和匈奴之间的一块土地让给东胡。东胡王说："这块土地对匈奴一点儿用都没有，又没有人，你们从来不到这儿来，请让给我们吧。"冒顿又问大臣们怎么办。他们说："那是我们已经扔了的地方，给不给他们都行。"没想到冒顿这回却生气了，说："什么话！土地是国家的根本，一寸也不能让给人家！"他立刻带领着大队人马往东打过去。东胡王小看了冒顿，没做准备，突然瞧见匈奴的大队人马打过来，弄得手忙脚乱，没法抵抗。冒顿单于杀了东胡王，灭了东胡，把东胡人和他们的牲口一股脑儿全都带到匈奴这边来。

冒顿灭了东胡，又往西打败了月氏，把他们赶到很远的地方去。接着，匈奴到南边来，吞并了楼烦（部族名）和白羊（部族名），把从前蒙恬所收复的北方的土地全夺去了，一直到了肤施（上郡的治所，在今陕西省榆林市东南），还屡次侵犯燕、代。那时候，汉王和楚王正忙于战争，谁也不去抵抗匈奴。匈奴趁着这个机会，大大扩张了势力。

公元前200年，冒顿单于带领四十多万人马，分头往南边来，很快占领了马邑，一直到了太原，围住晋阳（汉初太原郡的治所，在今天的太原市西南）。冒顿单于又利用投降匈奴的中原将士韩王信、曼丘臣（曼丘，姓；臣，名）、王黄、赵利等进攻别的城邑。汉高祖这才亲自出马去跟匈奴对敌。

那年冬天，下了大雪，天气特别冷。中原的士兵没碰到过这么冷的天气，又没有防寒的装备，冻坏了不少人，十个人当中竟有两三个人冻得掉下手指头来的。按说，中原的军队在这种情况下，准得打败仗，逃回去。可是正相反，他们接连打了几个胜仗，听说连冒顿单于也离开晋阳，逃到代谷去了。

汉高祖进了晋阳，听人报告说前队兵马节节胜利，就想大举进攻。他是打仗的行家，不肯轻举妄动的，就先后派了十个使者去侦察冒顿部下的情况。十个使者一个一个地回来，不约而同地报告说："冒顿部下大多是老弱残兵，连他们的马都是瘦的。咱们赶快追上去,准打胜仗。"汉高祖就亲自带领着一队骑兵从晋阳出发,可是他处处小心,还怕那些使者的报告不一定可靠,特意派奉春君刘敬(就是建议迁都关中的娄敬,被汉高祖赐姓刘)去匈奴营里,说是来跟冒顿谈判的,实际上是再去侦察一次。

刘敬回来,说:"我看到的匈奴人马正像前十个使者报告的一样,都是老弱残兵。不过这当中准有鬼。如果匈奴的人马真是这个样子的,他们怎么敢来侵犯中原?我认为冒顿单于一定把精兵藏起来,故意拿这些老弱残兵摆个样儿让咱们去看。皇上千万不可上他当。"汉高祖开口大骂刘敬,说:"你这个小子仗着一张嘴皮子做了官,现在竟敢胡说八道地阻拦我的军队!"汉高祖吩咐左右把刘敬拿下,送到广武(在今山西省代县西南,跟河南的广武不是一个地方)的监狱去,准备打了胜仗,回来再收拾他。

汉高祖唯恐慢了一步把冒顿放跑了,就带着自己的一队骑兵急急地先追上去。步兵跑得没那么快,只好落在后头。汉高祖的一队人马刚到平城(在今山西省大同市东北),突然听到周围都响起了呼哨声,匈奴兵好像蚂蚁似的从四面八方围上来。汉高祖赶紧下令对敌,可是这点兵马管什么用!匈奴军队人强马壮,哪儿有一个残兵?哪儿有一匹瘦马?汉高祖一见汉兵抵挡不住,平地上藏不住,也躲不开,就立刻下令去占领东北角上的一个山头。他们拼命打开一条出路,退到白登山去。

汉高祖毕竟机灵,占领了白登山,守住山口要道。一夫当关,万夫莫入,不管匈奴的兵马多么厉害,一时也没法打上来。汉兵三十多万,虽然都掉了队,只要半天或者一天工夫,就能赶上来。

故事里的中国历史

会齐了三十多万的中原大军，还怕打不过匈奴吗？哪儿知道冒顿单于早已把四十多万兵马布置成了一个天罗地网。他只用几万人围住白登山，其余的兵马分头在要塞的路口上埋伏着，截击汉兵。汉兵不被他们消灭已经是上上大吉了，根本没法过来解围。白登山上的汉军就这么不折不扣地变成了孤军。

他们接连困守了几天，没法逃出去。内无粮草，外无救兵，看来都得死在山上了。到了第四天，陈平瞧见山下一男一女骑着马来回指挥着匈奴兵。他挺纳闷儿：怎么军营里还有女人？一打听，才知道是冒顿单于和阏氏两口子。他猛一下从阏氏身上想出一条计策。他和汉高祖一商量，汉高祖叫他赶快去办。

第二天，陈平打发一个使者带着黄金、珠宝和一幅图画去见阏氏。使者一路行贿，买通了匈奴的小兵，请他们想办法带他去见阏氏。使者见了阏氏，献上礼物，说："这都是中原皇帝送给匈奴皇后的。中原皇帝情愿同匈奴大王和好，所以送礼物给匈奴皇后，请您帮忙。"阏氏见了这么多黄澄澄的金子、亮晶晶的珍珠，心里挺高兴，全都收下。还有一幅图画，她展开来一瞧，皱着眉头说："这幅女人图是干什么的？"使者说："中原皇帝担心匈奴大王不答应，不肯退兵，就准备把中原第一号大美人儿献给匈奴大王。这是她的画像，先给匈奴大王看个样子。"阏氏摇晃着脑袋，说："这用不着。拿回去吧！我请单于退兵就是了。"使者卷起图画，谢过阏氏回去了。

当天晚上，阏氏对冒顿说："听说中原的诸侯和全中原的兵马像山一样压过来了。咱们不能在这儿等死，还是早点回去吧。

匈奴灭不了中原，中原也灭不了匈奴，还不如做个人情，叫他们经常多送些礼物来，这才是实惠。这儿没有大草原，不能放羊、牧马。再说我在这儿水土不服，身子老是不舒服。"阏氏一边说，一边手指头直揉太阳穴。

冒顿说："我也正在怀疑，他们被困在山上这么多日子了，怎么不慌呢？他们老是这么安安静静的，好像在等着什么似的。再说韩王信、曼丘臣、王黄、赵利他们到现在还没到这儿来，这些中原将士也许是假投降，跟汉兵通了气。要是他们内外夹攻，咱们前后受敌，那可就糟了。"冒顿和阏氏商量下来，决定送个人情，好向中原皇帝多要些东西。第二天一大清早，冒顿下令开一个口子，放汉兵出去。

汉高祖听了使者的报告，一夜没睡好。天一亮，往山下一瞧，果然匈奴兵开了一个口子。陈平还不放心，叫弓箭手拉满弓朝着左右两旁，保护着汉高祖慢慢地下了山。匈奴兵看着他们下来，不去阻拦，弓箭手也没发箭。汉高祖提心吊胆地走出了包围圈，这才快马加鞭，一口气逃到广武。他定了定神，首先把刘敬放出来，向刘敬赔不是，说："我没听你的话，差点不能再和你见面了。"他加封刘敬为关内侯，把那十个劝他进攻的使者一律斩了。可是韩王信他们投降了匈奴，一时还不能把他们抓来治罪，终究还不能解恨。这会儿被围困了七天，总算逃出了虎口，眼下也没有力量再去征伐他们。他只好乘兴而去，败兴而归了。

第四章 和亲

汉高祖回来，路过曲逆县（在今河北省顺平县东南），上了城门楼，四面一望，城里有许多高大的房屋，就说："这个县真不错。我走了许多地方，要数洛阳和这儿最好了。"他回头问当地的长官："曲逆县有多少户口？"那长官回答说："秦朝时候有三万多户，此后连年打仗，死的死，逃的逃，现在只剩下五千户了。"汉高祖因为陈平想出办法来才解了围，就把这五千户的曲逆县封给他，改户牖侯为曲逆侯。

他们在曲逆县休息了一下，继续往回走，到了赵国。赵王张敖率领大臣来到郊外迎接。从前汉高祖在灞上营里托张良做媒把公主许配给项伯的儿子，可那只是临时救急的办法，这几年来他早已不把这门亲事搁在心里了。再说项伯已赐姓刘，刘门刘氏也不像话。所以后来他又把公主许配给张耳的儿子张敖，就是现在的赵王，可还没过门。赵王张敖见了丈人皇帝，自然小心伺候。可也真怪，汉高祖就是一万个瞧不起他，无缘无故地发了脾气，把赵王骂了个狗血喷头，好像自己在白登山上饿了七天肚子都是他捣的鬼。张敖毕竟是臣下，又是晚辈，挨汉高祖一顿骂，有气也只能憋着，可是张敖的几个臣下看不过去了。

到了晚上，赵相贯高、大夫赵午等几个赵国的大臣偷偷地去见赵王张敖，说有机密的事情报告。赵王张敖吩咐左右退出去。贯高说："大王亲自到郊外去迎接皇上，已经尽了做臣下的礼节，可是皇上还这么无缘无故辱骂大王，难道做了皇帝就不讲理了吗？这样下去，我们将来的日子怎么过？我们愿意替大王报仇雪恨，除了这个暴君。"

张敖一听，吓得跟什么似的，马上把手指头咬出血来，对天起誓，说："这这这可不行。从前父王被陈余逼得走投无路，全靠皇上的恩典给他做了赵王，又让我继承着父王的地位。这么大的恩，我正愁没法报答，你们怎么叫我害他呢？"

贯高和赵午碰了一鼻子灰，耷拉着脑袋出去了。到了外边，他们咬着耳朵说："咱们的大王太厚道了。咱们本来就不该先跟他说，可是大王受了这种侮辱，咱们总得替他打抱不平。事情成功了，把功劳归给大王；不成功，咱们好汉做事好汉当。"他们商量妥当，就候着机会要向汉高祖行刺。可是汉高祖旁边保护的人多得很，他们没法下手。

汉高祖离开赵国，回到洛阳。住了没多少日子，他的二哥代王刘喜从北边逃回来，说："匈奴王派了一队兵马打到代地来。我又不会打仗，请皇上想个办法。"汉高祖骂他，说："你呀，你只配耕地、锄草。"刘喜还不明白，能耕地、锄草有什么不好，只听见汉高祖接着说："见了敌人就逃，按理应当把你治罪，看在同胞手足的情面上，给你做个合阳侯吧。"他就封小儿子如意为代王。代王如意才八岁，是戚夫人生的，因为汉高祖宠爱戚夫人，就把她的孩子封为代王。这也就是一个名义罢了。八岁的小孩儿还离不开妈，再说汉高祖又挺疼他，怎么也不会让他出去。汉高祖就立阳夏侯陈豨为代相去镇守代国，嘱咐他小心防御匈奴。

匈奴常来侵犯北方，真叫汉高祖大伤脑筋。冒顿单于有了韩王信他们做帮手，更厉害了。公元前199年，匈奴派韩王信打到东垣（在今河北省石家庄市东）。汉高祖又亲自出征讨伐，韩王信也够贼的，他学会了匈奴打游击的办法：大军一到，他就退去。汉高祖不能一直等在那儿，只好回来。

他到了赵国的柏人县（在今河北省隆尧县西），准备在那儿过夜。贯高、赵午他们已经派了刺客躲在厕所里。可是贯高的手下人贯三儿害怕了。他想要告诉汉高祖，又怕害了主人，就偷偷地对汉高祖说："这儿来往的人很杂，皇上还是……"他话还没说完，瞧见有人过来，就一扭身溜了。汉高祖心里挺不踏实，过了一会儿，他问："这儿叫什么县？"身边人说："柏人县。"汉高祖吓了一跳，说："啊？迫人县？迫害人的县？我们到别处去吧。"说完上车就走。贯高、赵午的行刺计划就没成功。

汉高祖回到洛阳,听说商人们趁着朝廷和匈奴打仗的机会,兴风作浪抬高物价,尤其是粮食和马匹的价格。他非常生气,不禁想起了六年前的事。那时候(公元前205年,汉王二年),他和项羽在荥阳一带相持不下,关中遭了大饥荒,发生了饿死人的惨事儿,可是宣曲任氏(宣曲,古地名,在今陕西省西安市长安区西南)就因为囤积粮食发了大财。这会儿汉高祖下了决心要把商人压下去,他下了一道命令:商人不得穿丝织的衣服,不得带武器,不得坐马车,不得骑马,不得做官;商人买了穷人的儿女做奴隶和丫头的,一概释放,不得追还身价;商人的人头税比一般人加倍。这么一来,商人的地位大大降低,有的甚至因此破了产,做了亡命徒。

汉高祖惩罚了商人之后,一想起柏人县的事就直嘀咕,难道真有人想行刺自己吗?果然,贯高的那个手下人贯三儿又来了。原来贯高他们行刺没成功,很生气。有人告诉贯高泄露消息的详细情况,他就要杀贯三儿,贯三儿逃到洛阳,事情就这么被汉高祖知道了。他立刻下了一道诏书,派卫士把赵王张敖、赵相贯高、大夫赵午等一概拿来治罪。贯高承认行刺,可是尽力替赵王张敖申辩,说这件事跟赵王不相干。他受尽各种残酷的刑罚,咬着牙,忍着疼,死也不改口。汉高祖又派人仔细调查了一下以后,把赵王张敖从宽处分,废了他的封号,改为宣平侯。贯高、赵午救了赵王,都自杀了。汉高祖又把代地并入赵国,改封代王如意为赵王。

如意做了赵王并不能抵御匈奴,正相反,匈奴更加频繁地向代地进攻,弄得汉高祖直摇头。发兵去打吧,一去,匈奴就走了,

西汉故事

〇二五

不去打吧，他们又过来。汉高祖实在想不出办法，就叫刘敬进来，要他出个主意。刘敬说："天下刚安定下来，将士们已经够累的了。再说匈奴离这儿又远，我们也不能老发大军去攻打。就算皇上能下决心，把所有的兵马都用上，把所有的将军都带去，可是匈奴走了，难道我们追上去吗？就算追上去吧，一片荒地，见不到一个人，没地方住，哪儿去找吃的？将士们水土不服，天气又冷，见不到敌人，打谁去呢？依我说，匈奴是不能用武力去征服的。"

汉高祖说："不用武力，还有别的办法吗？"刘敬说："办法倒有一个，就怕皇上不同意。"汉高祖说："只要是个好办法，我怎么会不同意呢？你说吧。"刘敬说："最好采用'和亲'的办法，就是大家讲和，结为亲家，太太平平地过日子。如果皇上能够把大公主嫁给单于，再送他一批很阔气的嫁妆，他一定感激皇上，把大公主立为阏氏。她生了儿子就是太子，将来就是单于。皇上能够把咱们这儿多余的东西送给他们一些，经常跟他们来往，帮助他们，匈奴还能不感激皇上吗？这还不够，为了真正帮助他们，皇上还得派人去教导他们，让他们也懂得礼节。这么着，冒顿单于活着，他是皇上的女婿；死了，外孙子做单于。哪儿有外孙子敢跟外祖父对抗的？不用武力，不打仗，慢慢儿把匈奴感化过来，这不是个好办法吗？"

汉高祖连连点头，可是他又皱起眉头来了。他说："把大公主嫁给单于吗？别的女子行不行？"刘敬说："如果皇上舍不得大公主，拿一个宗室或者后妃的女儿去冒充大公主，将来人家也会知道的。不是大公主就不尊贵，不尊贵没有好处。"汉高祖说：

"好！你说得对。"他就准备把大公主嫁给单于。

汉高祖同吕后一说，吕后连眉毛都竖起来了，要了她的命也不答应。她说："我就生了一个儿子、一个女儿。她是我的命根子，怎么能嫁给匈奴呢？再说她已经许给张敖了，也不好反悔。"说着就哭起来。白天哭，晚上哭，哭得汉高祖净晃脑袋。吕后还真有一手，她见汉高祖不言语了，马上让大公主和张敖成了亲，生米煮成了熟饭，汉高祖只好封大公主为鲁元公主，让小两口儿上婆家去了。

可是北方不安宁，中原也太平不了。汉高祖就挑了个后妃所生的女儿，把她当作大公主，派刘敬为使者去跟冒顿单于说亲，订约，冒顿同意了。刘敬回来报告，汉高祖就再派他带着一批随从人员和不少的嫁妆、礼品，把"大公主"送到匈奴去。冒顿单于见了这么漂亮的公主和这么多值钱的东西，非常满意，还真把新媳妇立为阏氏。

刘敬从匈奴回来对汉高祖说："匈奴的白羊王、楼烦王离长安不远，最近的只有七百里地，骑兵一天一夜就可以赶到秦中。我们虽然同匈奴订了和约，可是大公主毕竟是冒充的，边界上还得注意防守。秦中土地肥沃，又是个重要的地区，连年遭到战争的破坏，人口少，防御力量不够，皇上最好把秦中整顿一下。当初诸侯起兵的时候，不是齐国的田家就是楚国的昭家、屈家、景家。其他各地起来的也大多是六国的后代，现在皇上在关中建都，可是关中人口太少，北边接近匈奴，东边有六国的旧贵族，万一发生叛变，皇上就不能安心了。皇上不如把原来六国贵族的后代、豪强和各处的大族搬到关中来，平时可以开垦肥沃的土地，还可以防备匈奴，要是东边发生叛变，就可以率领他们去征伐。这是加强都城、削弱地方的计策，皇上看怎么样？"

汉高祖完全同意，他说："好！还得给他们方便，让他们有土地和住宅。"当时就发出诏书，又派刘敬去办这件事。前前后后从齐、楚、燕、赵、韩、魏各地搬到关中来的大族和豪强就有十几万人。关中一下子变成了最热闹的地方先不说，就说这些大族和豪强都搬到了关中，他们再也不能像以前那样对当地农民作威作福了。

同匈奴讲了和，把六国的大族搬到关中来，这些都是安定国家的好办法，可是汉高祖忘不了刘敬的话——"大公主毕竟是冒充的"。就因为吕后不答应，马上把大公主嫁给了张敖，汉高祖觉得吕后的主意太大了，再说太子盈又是这么老实巴交的，怕他将来继承不了自己的事业，就打算废了太子盈，立赵王如意为太子。

第五章 极极以为不可

汉高祖看太子盈天资平常,生性软弱,怕他将来干不了大事。小儿子如意聪明伶俐,说话做事很像自己,汉高祖就打算废了太子盈,立赵王如意为太子。他倒不怕吕后泼辣,就怕大臣们引经据典地起来反对。尤其对御史大夫周昌,他简直有点害怕。

这会儿汉高祖召集大臣们商议废太子盈,立戚夫人的儿子如意为太子的事。大臣们都不赞成,周昌更是不能接受。他说:"不可!不不不可!"汉高祖问他:"为什么不可?"周昌本来就说话结巴,越急话越说不出来,脸涨得绯红,结结巴巴地说:"我我嘴说不出来,可是我极极以为不可。皇上要废了太子,我极极不敢遵命。"汉高祖听了,不由得笑了起来，说："好，好，好！算了，算了！"

散了朝，汉高祖和大臣们都走了，周昌气呼呼地落在后头。等到他出来，迎面瞧见吕后过来。他正要上前行礼，想不到吕后猛一下子先跪下了，急得周昌手忙脚乱，不知道怎么办才好。原来吕后在东厢房，周昌的话她都听见了，这会儿特意来向周昌下跪，谢谢他的好意。她说："没有你，皇太子就差点给废了。"

吕后感激周昌的帮助，可是戚夫人就把吕后和周昌看作了死对头。她伤心地哭着对汉高祖说："我并不是要废去太子，可是我害怕的是我们娘儿俩的性命都在吕后手里。皇上总得替我们想个办法，救救我们。"汉高祖说："慢慢儿再说吧。我不会让你们吃亏的。"可是一生精明的汉高祖始终想不出办法来。他只能闷闷不乐地憋着气。实在憋不住了，就对着戚夫人哼着伤心的歌儿。

多少天了，汉高祖只是愁眉不展地哼着伤心的歌儿，大臣们不知道他为什么老是这么哼哼着。有个年轻的大夫，叫赵尧，他对汉高祖说："皇上这么闷闷不乐的，是不是因为赵王太年轻，皇后又跟戚夫人合不到一块儿，担心赵王将来吃亏？"汉高祖说："不错，我就是替赵王担心，可是想不出办法来。"赵尧说："皇上不如给赵王挑一个强有力的大臣，拜他为赵相国，这个人一定要是皇后和大臣们都尊敬的，那才顶事。"汉高祖说："对呀，我也这么想，可是叫我挑谁呀？"赵尧说："御史大夫周昌最合适。他为人忠实又耿直，皇后、太子和大臣们对他一向尊敬，他靠得住。"汉高祖说："对！我就派他去。"

汉高祖叫周昌进来，对他说："我拜你为赵相国，请别推辞。"

西漢故事

周昌听了，好像脊梁上泼了一桶冷水，他流着眼泪说："自从皇上起兵，我就跟着您，怎么半道上扔了我，叫我出去做赵相国呢？"汉高祖说："我也知道，叫你去做赵相国，你为难，可是我背地里直替赵王担心，除了你以外，谁也不能替我分忧。你去，我就放心了。请别再推辞。"周昌只好接受了命令，带着十岁的赵王如意上赵国去了，周昌的御史大夫职位由赵尧接替。

代相陈豨和淮阴侯韩信素来很有交情，汉高祖叫陈豨去镇守代地，他临走的时候，曾经到韩信那儿去辞行。代地接近匈奴，派到那儿去的人都觉得有点委屈。陈豨免不了在韩信面前透露了一些内心的牢骚。韩信拉着他的手，两个人在月亮底下小声谈了好一会儿。

陈豨到了代地，结交当地的豪强，准备自己的力量。他一向羡慕魏公子信陵君好客的派头，也收了不少门客。有一次，他路过赵国，跟随的门客就有一千多，邯郸街道上都挤满了车马。赵相周昌听到陈豨路过邯郸，马上出去迎接，见他带着这么多人马，就起了疑，暗地里提醒汉高祖提防陈豨。

汉高祖派人去调查，只查出陈豨的门客确实有些不法的勾当，没看出陈豨有什么谋反的举动。可汉高祖叫陈豨到长安去，他又不去。那几个投降了匈奴的汉朝将军韩王信、王黄、曼丘臣等知道陈豨和汉高祖有了矛盾，就暗暗地跟他联络起来。那些受了汉高祖压制的商人大批地去投奔陈豨。陈豨有了国内、国外的帮助，胆儿更大，他自称为代王，夺取了赵、代不少城邑。汉高祖这才发兵亲自去征伐陈豨。

汉高祖到了邯郸，担心兵马不够，就向梁王彭越和淮南王英布调兵。他们占领着自己的地盘，都不愿意发兵，说是病了，不能来。汉高祖有苦说不出，只好就地招募士兵。周昌对汉高祖说："常山郡一个地区就丢了二十个城，这些郡守、县尉都该杀。"汉高祖说："他们都反了吗？"周昌说："反正他们都投降了陈豨。"汉高祖说："这是因为力量不够。郡守、县尉和老百姓都是没有罪的。"

他就一面发出通告，号召赵、代的官员和老百姓及早反正，反正的既往不咎，一面吩咐周昌招募赵地的壮士，有能耐的就拜为将军。汉高祖又探听到陈豨的将军们大多是商人出身，就拿出大量的黄金把他们一个一个地收买过来。这样布置停当了，才亲自率领着大将周勃、王陵、樊哙、灌婴等分头进攻。没过多少日子，汉军杀了王黄、曼丘臣、韩王信，平定了代地。陈豨被打得一败涂地，逃奔匈奴去了。汉高祖仍旧把赵、代分为两国，立薄姬生的儿子刘恒为代王，以晋阳为都城。他嘱咐周勃留在那儿防备着陈豨，自己又回到了洛阳。

他到了洛阳，才知道吕后已经把淮阴侯韩信杀了。原本汉高祖发兵去征伐陈豨的时候，要带韩信一块儿去，韩信不愿意，他告了病假，住在家里。正当大将周勃和陈豨交战的时候，有人告发韩信，说他谋反。原来韩信的一个门客得罪了韩信，韩信要杀他，那个门客的兄弟就向吕后告发，说陈豨临走的时候，曾经到韩信那儿去辞行。韩信说了："代地人强马壮，是个出精兵的好地方，您又是皇上亲信的大臣，如果有人说您叛变，皇上是不会轻易相信的。除非一而再、再而三地告您，皇上才会当真。他一当真，必然亲自出去跟您对敌，那我准在这儿接应您。您得好好地准备实力。"

吕后听了，连忙跟丞相萧何商量，随后打发一个心腹扮作士兵，偷偷地往北边去，再大模大样地从北边回到长安来，说是皇上派他来的，假意说："陈豨已经被杀了，赵、代也平定了，皇上快回来了。"

大臣们得到了这个消息，一个接着一个地都到宫里来贺喜，只有韩信"有病"没来。萧何亲自去看韩信，劝他进宫，免得给人家议论。韩信认为有萧何陪他去，想必不至于出什么岔子。他就跟着萧何到长乐钟室（挂钟的屋子）去拜见吕后。韩信刚一进门，就被埋伏在那儿的武士们拿住了。

吕后骂着说："你为什么跟陈豨串通，做他的内应？"韩信当然不承认。吕后冷笑着说："皇上已经送信来了，陈豨供出是你主使的，你还敢抵赖！"当时她就吩咐武士们把韩信推出去砍了。

有人说吕后把韩信的"十大功劳，一笔勾销"，也有人说这是因为韩信自己认为功劳大，不肯一心一意地侍奉皇上，十大功劳是他自己勾销的；可是灭了韩信的三族，未免太过分。当初萧何月下追韩信，尽力推荐他做了大将，帮他成功的是萧何。此后韩信和汉高祖有了矛盾，萧何却从来没有进行过调解。现在杀了韩信，灭了他三族的也是萧何。所以有了这么一句话："成也萧何，败也萧何。"

第六章 平定南方

汉高祖到了长安，问吕后："韩信临死有什么话没有？"吕后告诉他，韩信后悔没听蒯彻的话。汉高祖知道蒯彻是齐人，当时就吩咐齐相曹参把他拿来治罪。蒯彻被押解到长安，汉高祖亲自审问他："你撺掇淮阴侯谋反吗？"蒯彻说："是啊！我当初劝他自立为王，三分天下。可惜韩信这小子不听我的话。要不然，怎么会弄得灭门呢？"汉高祖一听就火儿了，要杀他。

蒯彻说："秦国丢了一只鹿，天下人都抢着去逮，谁跑得快，谁逮住，就是谁的。那时候，天下的人并不是皇上的臣下，并没有什么君臣的区别。我只知道韩信，不知道皇上，这能怪我吗？就是到了今天，暗地里想做皇帝的人也不是没有，皇上能把他们斩尽杀绝吗？要是皇上因为我过去忠于主人就把我杀了，皇上就用这个去劝化自己的臣下吗？"

汉高祖笑了笑，对左右说："他倒是个忠臣。"于是就免了蒯彻的罪，还叫他做官。蒯彻请求说："我哪儿有脸再做官？请皇上看在韩信过去的功劳上，仍旧封他为楚王，赏给他一块坟地，这就是皇上的大恩了。"汉高祖答应了，吩咐蒯彻按照安葬楚王的礼节把韩信的尸首葬在淮阴。

汉高祖能够释放蒯彻，可不能不追查梁王彭越。当初叫彭越一块儿去征伐陈豨，他不去，说是病了，得病也不能这么巧哇，刚好就跟韩信同时得了病。汉高祖派人去责备他，要他马上来朝见。胳膊拧不过大腿，彭越只好来认错。汉高祖因为查不出彭越谋反的真凭实据来，再说刚杀了韩信，也不好意思再杀大臣，就从轻发落，免了他的死罪，把他罚做平民，迁到蜀地青衣县去住。彭越只好忍受着去了。

到了郑县（今陕西省渭南市华州区），他恰巧碰到吕后从长安来。吕后问他是怎么回事，彭越流着眼泪，口口声声说他冤枉。他求吕后替他说情，希望让他住在本乡昌邑。吕后答应了他，把他带到洛阳来。彭越半道上碰到了吕后，真是遇到了救星，千恩万谢地跟着她回来了。

吕后到了洛阳，对汉高祖说："彭越是个壮士，您怎么能把他送到蜀地去？我把他带回来了。"汉高祖说："你带他回来干什么？"吕后挺了挺腰，说："要办他就办个干脆。不用他，又留着他，这是给自己找麻烦。"她又说起彭越谋反的罪状，说得汉高祖不能不依，就把梁王彭越杀了，还灭了他的三族。

汉高祖想要集中统治国家，本来就不愿意把土地封给功臣。他把梁地分为两大区，东北部仍旧称为梁地，西南部称为淮阳。他把后妃所生的两个儿子刘恢和刘友封了王，刘恢为梁王，刘友为淮阳王。

英布知道韩信、彭越被害，第三个要轮到他了，他就来个先下手为强，发兵叛变。他对将士们说："汉帝已经老了，他不能亲自出战。从前几个大将只有韩信、彭越最有能耐，可他们都被汉帝害死了。别的将军都不是咱们的对手。只要诸君同心协力，夺取天下也没有什么困难。有福同享，有祸同当，请诸君努力吧。"将士们个个摩拳擦掌，要夺取汉高祖的天下。他们先往东进攻荆地，杀了荆王刘贾。接着往西进攻楚地，楚王刘交打了败仗，逃到薛城。

警报传到了长安，汉高祖因为戚夫人和赵王如意的事，正闷闷不乐，身子很不舒坦，准备派太子盈带领大军去征伐英布。

太子盈有四个年老的门客，他们怎么也不让太子盈去。原来汉高祖要废太子盈的时候，吕后派她的二哥吕释之去见张良，逼着他想个计策。张良说："现在天下安定，皇上要更改太子，骨肉之间，知子莫若父。我们虽然有一百多人反对，看来也没有什么用处了。"吕释之威胁张良非想个计策不可。张良屈服了，他说："说话是没有用的了。要么，这样吧：皇上一向尊重的有四个人，他们都老了，不愿意做汉朝的臣下。皇上三番五次去请他们，他们逃到商山（在今陕西省商洛市东南）隐居起来。要是你们能够请太子写封信，多花些金玉财帛，诚心诚意地把他们接来，让他们跟太子在一起，皇上见了，准能听他们的。"

吕后就叫吕释之准备了丰厚的礼品，派人去迎接那四个老头儿。那四个年老的隐士自诩品格极高，瞧不起汉高祖，不愿意做汉朝的臣下，难道他们见了金玉财帛和太子的信就不动心吗？不管真假与否，反正吕释之带来的确实是四个白头发、白胡子的老头儿，这四个老头儿就做了太子盈的门客。

这时候，这四个老门客听到汉高祖要派太子盈去征伐英布，连忙去见吕释之，对他说："太子带兵去打仗，有了功劳，还是个太子；没有功劳，恐怕从此不免遭殃。您何不快去告诉皇后，请她要求皇上别让太子去。英布是个出名的大将，善于用兵，绝不能轻看了他。我们的将军都是皇上这一辈的人，现在叫太子去率领他们，这不是叫羊去带领狼吗？他们怎么能听他的指挥？给英布知道了，他准加劲地打过来。皇上虽说不舒坦，只要他去，就是在车上躺着，将军们也不敢不卖力气。"

吕释之连夜把这话告诉了吕后，吕后就在汉高祖跟前哭哭啼啼，诉说了一番。汉高祖只好亲自率领大军往东去。汉高祖到了阵前一瞧，英布的军队十分整齐，一切阵法都跟项羽的很相像，心里非常不安。他想扭转战局，竭力劝告英布，说："我封了你做王，你何苦还要造反？"英布说："你不是也被项羽封过王吗？怎么又做了皇帝呢？"汉高祖这一气非同小可，他亲自指挥将士，拼命地杀过去。

英布那边的箭好像成群的蝗虫似的直飞到这边来，汉高祖来

西汉故事

不及躲闪，胸口上中了一箭。幸亏铠甲挺厚，那支箭只进到肉里一寸左右，他受了伤，火儿更大了，使劲地指挥将士们往前冲。将士们不顾死活，冲乱了英布的队伍，把淮南兵杀得七零八落，四散逃跑。汉军接连又追杀了几阵，英布只好带着一千来人往江南那边逃去。

英布逃到江南，正好长沙王吴臣（吴芮的儿子，英布的妻弟）派人送信来，请他到长沙去避难。英布得到了小舅子的帮助，自然很高兴。他到了鄱阳，天已经黑了，就在驿舍里过夜。哪儿知道驿舍里早就埋伏着长沙王吴臣派来的几个武士。到了半夜里，英布正打着呼噜的时候，就被他们暗杀了。长沙王吴臣因此立了一个大功。

汉高祖杀了英布，平定了荆、楚，就立赵姬所生的儿子刘长为淮南王。楚王刘交从薛城回去，仍旧做楚王。荆王刘贾死在战场上，没有儿子，汉高祖把荆地改为吴国，立二哥刘喜的儿子刘濞（pì）为吴王。刘濞力气挺大，这次跟着汉高祖出来征伐英布，也立了功，因此汉高祖叫他镇守吴地。就这样，同姓子弟封王的有八个，就是：齐王刘肥、楚王刘交、赵王如意、代王刘恒、梁王刘恢、淮阳王刘友、淮南王刘长、吴王刘濞。

其中除了楚王刘交是汉高祖的兄弟，吴王刘濞是他的侄儿以外，其余都是汉高祖亲生的儿子。不是同姓的王现在只有四个，就是：燕王卢绾、长沙王吴臣、闽越王无诸、南越王赵佗。

南越王赵佗原来是秦朝南海郡尉任嚣的属下。任嚣见秦二世昏庸，中原大乱，就统领百越，独霸一方。后来任嚣病得厉害，召来了龙川（今广东省龙川县）县令赵佗，对他说："秦朝暴虐无道，天下痛恨。听说陈胜、吴广起兵，项羽、刘邦互相争夺，不知道什么时候天下才能够太平。番禺有山有水，地势险要，南海东西有几千里，跟中原人士也有来往。我们不必跟中原诸侯相争，在这儿就足足可以建立一个国家。"任嚣就让赵佗做南海郡尉。任嚣死后，赵佗通令南方各地守住关口，不跟中原来往。他杀了秦朝的官员，兼并桂林一带，自立为南越武王。公元前196年，汉高祖想要统一天下，但是他又不能去攻打南越，只好派使臣陆贾带着诏书、王印和礼物去见赵佗。

赵佗毕竟是中原人，他接受了王印，承认是汉朝的臣下。赵佗留陆贾住了几个月，常跟他喝酒、聊天。等到陆贾要回去了，赵佗说："越中没有可以谈心的人，先生来了，我天天听到许多没听过的东西。"他送给汉高祖几颗珍珠，还送给陆贾价值千金的礼物。自此，赵佗就做了汉朝的南越王，虽然跟中原的来往很少，可是他一直替中原防守着边界。

陆贾回到长安，向汉高祖汇报了南越的情况，汉高祖非常高兴，夸奖了陆贾一番，提升了他的职位。因为把赵佗封为南越王，所以不是同姓的王就有了四个。

第七章 白马盟约

汉高祖除去英布，又安定了南越，觉得终于可以舒一口气了，但不久又接到警报，他最亲信的燕王卢绾造反了。燕王卢绾也是丰邑人，和汉高祖从小一起长大，汉高祖对他一向挺亲热，连萧何、曹参都排在他后头。汉高祖登基没多久，燕王臧荼就反了，汉高祖打败了臧荼后打算再立个燕王。他明知道卢绾的才能差些，自己不好意思偏向，就暗暗地叫大臣们推荐卢绾，最后立卢绾为燕王。

燕国接近匈奴，臧荼的儿子臧衍和陈豨投降了匈奴，他们就劝卢绾跟匈奴联合起来，保卫燕国。汉高祖得到了这个消息，不愿意发兵去征伐，只派个使者去请卢绾回朝。其实卢绾是不愿意投降匈奴的,可也不敢回长安去。他推说有病,一时不便动身。汉高祖就打发辟阳侯审食其和御史大夫赵尧到燕国去问候,再劝卢绾回去。

卢绾不跟他们相见,他对燕国的大臣们说:"当初分封诸王,不是姓刘的共有七国,到了今天只剩下了我和长沙王两个,其余的全没了。皇上待我恩重如山,可是吕后阴险刻薄,我不能不防备着。当年韩信、彭越都死在她手里,现在皇上正病得厉害,吕后一定会擅作主张。我要是回去,准会遭到她的毒手。且待皇上恢复了健康,我再亲自去赔不是,也许能够保全性命。"

有人把他的话转告了审食其和赵尧。赵尧不说话,心里还有点同情卢绾。审食其是吕后的人,当然偏向着吕后,痛恨卢绾,回去以后,就添油加醋地说卢绾确实谋反了。汉高祖一听卢绾果然谋反,火儿更大了,他吩咐樊哙带领大军去征伐,接着就立皇子刘建为燕王。卢绾并不是真要造反,这会儿被逼得没办法,只好带着几千人马驻扎在长城下面,还想等汉高祖病好了,再回到长安去谢罪。

汉高祖越是生气,伤口就恶化得越厉害。他原本叫太子盈带兵去征伐英布,因为吕后不让太子盈去,他只好亲自去,以致中了一箭。现在伤口发作,病得不能起来,他心里更加痛恨吕后和太子,有时候吕后和太子进来问病,还被他骂出去。有个伺候他的人偷偷地对汉高祖说:"樊哙跟吕后串通一气,要等皇上百年之后,杀害戚夫人和赵王如意,皇上不能不提防。"

汉高祖早已觉得吕后太过自作主张,不成体统,可是一个妇道人家能干出什么来呢？现在吕后跟她的妹夫樊哙串通起来，情况就严重了。他立刻叫陈平和周勃进来，对他们说："樊哙跟吕后他们结成一党，巴不得我早点死。你们赶快去燕国，一到军营，立刻把樊哙斩首。"他又任命周勃为将军，代替樊哙进攻燕地，让陈平尽快将樊哙的首级带回来。

陈平、周勃立刻动身去斩樊哙。在路上，陈平对周勃说："樊哙是皇上的自己人，功劳大，又是吕后妹妹吕须的丈夫，地位这么高的皇亲国戚，咱们可不能自己动手斩他。这会儿皇上生着气要斩他，万一他后悔了，怎么办？再说皇上病得这么厉害，咱们斩了吕后的妹夫，将来她能放过咱们吗？"周勃说："难道咱们能不听皇上的命令，把他放了吗？"陈平说："放是不能放的。咱们不如把他押上囚车，送到长安去，让皇上自己去办吧。"周勃认为这是个好主意，他们商量妥当，就这么办。

陈平还没回来，汉高祖又在那儿生气了。他的脾气也真怪，有病不愿意请大夫看。他见吕后带着一个大夫进来，就骂着说："我平民出身，手提三尺剑得了天下，这是天命所归，现在病成这个样子，也只能听天由命。你们给我出去！我有紧要的事和大臣们商量。"吕后等人只好出去。汉高祖担心的不是他自己的病，而是他的天下。他仔细一想，光杀了樊哙，还不能削弱吕后他们的势力。因此，他召集大臣要他们起誓立约。

大臣们到了他跟前，汉高祖吩咐手下人宰了一匹白马，和大臣们歃血为盟。大伙儿依着汉高祖的话，起誓说："从今以后，非刘氏不得封王，非功臣不得封侯。违背这个盟约的，天下共同

西汉故事

征伐他！"大臣们宣了誓，汉高祖这才放了心。吕氏有功劳的也只能封侯，可不能做王了。他还担心自己一死，各国可能趁机作乱，荥阳是最重要的中心地区，更加不能不防备。

汉高祖马上派使者送诏书给陈平，吩咐陈平立刻到荥阳去，帮助灌婴小心镇守，樊哙的首级可以交给别人送来。这么布置好了以后，他才叫吕后进去，嘱咐后事。吕后问他："皇上百年之后，萧相国要是死了，谁做相国呢？"汉高祖说："曹参可以。""曹参以后呢？""王陵也可以，陈平可以助他。陈平倒是够机灵的了，可是不能单独干事。周勃为人厚道，办事慎重，可是没有文墨。尽管这样，将来安定刘家天下的还是他，可以做太尉。"吕后又问："还有谁可以做相国呢？"汉高祖说："以后的事也不是你能够知道的了。"

公元前195年四月，汉高祖在长乐宫病逝。他四十八岁（公元前209年）起兵，五十五岁做了皇帝，在位八年，死的时候已经六十三岁了。汉高祖死后，太子盈继位为皇帝，就是汉惠帝，尊吕后为皇太后。

汉惠帝即位的诏书一发出去，燕王卢绾和陈平就改变他们的行动。卢绾本来还想等汉高祖病好了，亲自来向他诉说自己的委屈。如今汉高祖死了，他知道吕后的权力必然更大了，他怎么还肯自投罗网去见她呢？他就投奔匈奴去了。陈平因为害怕吕后和吕须，才没敢照汉高祖的命令治死樊哙，只是把樊哙用囚车送到关中来。后来他又接到命令，叫他立刻上荥阳去帮助灌婴。这会儿他听到汉高祖死了，唯恐吕后和吕须恨他去杀樊哙，将来要找他报仇，就赶紧回到关中，想法先去讨她们的好。结果，陈平不但没有因为樊哙的事吃亏，还得到了吕太后的信任。

吕太后害死了戚夫人和赵王如意以后，改封淮阳王刘友为赵王，她担心将来诸侯王发生叛变，打到长安来，就征用了三十多万民夫去建筑长安城。长安城在汉惠帝元年，就是公元前194年开始建筑，汉惠帝三年春又在长安六百里以内征了男子和妇女十四万六千人继续建筑，六月又让各王国、侯国一共送来囚犯和奴隶两万人，汉惠帝五年正月又在长安六百里以内征了男子和妇女十四万五千人，到秋天才把周围六十五里的城墙造好。

汉惠帝即位的第二年，相国萧何病重。汉惠帝亲自去看他，还问将来请谁代替他。萧何说："谁能像皇上那样懂得臣下呢？"汉惠帝就说："曹参怎么样？"萧何说："皇上的意见错不了。"萧何和曹参原来都是沛县的官吏，彼此关系很好，后来曹参带兵，打了不少胜仗，立了大功，可是他得到的爵位和赏赐反倒比不上萧何，心里挺不痛快，两个人就不那么好了。这会儿汉惠帝提到曹参，萧何总算顾到大局，并没反对。

萧何一死，曹参做了相国。他遵守着"在上的清净无为，在下的自然安定"的信条，什么都不变动，什么都不过问，让官吏们一切都按照前相国的章程办理。虽说什么都不过问，他可不喜欢那些油腔滑调、舞文弄墨或者沽名钓誉、好高骛远的官员。他挑了几个年岁大的、忠厚老实的人做他的帮手，朝廷上的事什么也不管。有几个大臣看着新相国什么都不管，很替他着急，也有去向他献计策的。可是他们一到那儿，曹参就请他们喝酒，一杯接着一杯地把他们灌醉才算完事。要是有人在曹参跟前提起朝廷大事，曹参就叫他先喝酒，然后用别的话岔开，弄得人家没法再开口。这些人只好喝醉了酒，糊里糊涂地回去。

汉惠帝以为曹参不愿意替他好好治理国家，心里挺不踏实。汉惠帝嘱咐曹参的儿子大夫曹窋（zhú）说："你回家的时候替我问问你父亲：高皇帝归了天，皇上年岁又轻，在这个紧要关头，国家大事全靠相国主持。您天天喝酒，什么也不管，这么下去，怎么能安抚天下呢？看你父亲怎么回答，然后你来告诉我。你可别说是我叫你这么问的。"

曹窋回家去，就跟他父亲照样说了一遍。曹参一听儿子的话，火儿可就上来了，骂着说："你这小子懂得什么？也敢在我面前耍嘴皮子！"说着，拿起板子来把他打了一顿。完了把他赶出去，还说以后不准他回家。

曹窋受了责打，垂头丧气地来到宫里，向汉惠帝直诉委屈。汉惠帝更加纳闷儿了。第二天，他见曹参一个人在他跟前，就对曹参说："相国为什么责备曹窋？他说的话就是我的意思，是我叫他去劝相国的。"曹参立刻摘去帽子，趴在地下，连连磕头，认了错。

汉惠帝叫他起来，对他说："相国有什么话，请直说吧。"曹参说："请问皇上，您跟先帝比较，哪一位英明？"汉惠帝说："我哪儿比得上先帝？"曹参又说："我跟萧相国比较，皇上看哪一位贤明？"汉惠帝微微一笑，说："好像还不如萧相国。"曹参说："是啊，皇上的话完全对。皇上不如先帝，我又不如萧相国，那么，先帝和萧相国平定了天下，制定了规章，咱们只要继承下去就是了，难道还能超过他们吗？"汉惠帝这才明白，说："噢，我明白了，请相国别介意。"

曹参虽说"在上的清净无为，不去打扰老百姓"，可是打扰老百姓的事有的是，不说别的，光是为了建筑长安城，就一而再、再而三地征了三十多万壮丁去做苦工，拉了男子还不够，连妇女也逃不了。再加上连年的旱灾，江里河里的水少了，小河沟和池塘干得连底都裂开。在这种情况下，相国什么都不干，怎么能叫老百姓安居乐业呢？天下又怎么能太平呢？

第八章 太后临朝

汉高祖采取和亲政策，把匈奴作为亲戚看待，几年来总算平安无事。等到汉高祖一死，朝廷上的局面又是那个样子，冒顿单于就要试探汉朝的态度。他写了一封很没有礼貌的信给吕太后，吕太后气得立刻召集文武百官到宫里来商议。她说："匈奴太没有道理了，我想先杀了他们的使者，再发兵去征伐。你们看怎么样？"

樊哙说："给我十万人马，准可以打败匈奴。"季布可没有这份胆量，可是又不能让人家说他胆小。他就大声地说："樊哙这么狂妄，应当砍头！从前匈奴在平城围住先帝，那时候汉兵三十二万，樊哙是上将军，还不能解围。现在他只要十万人马就能打败匈奴，这是当面欺骗太后。

匈奴本来不懂礼貌，说了一句得罪太后的话，太后犯不着这么生气。"

曹参、王陵、周勃、陈平、叔孙通他们觉得匈奴厉害，都说还是和好的好，连樊哙也不再言语了。吕太后只好说："那么，还是和好吧。"她就写了一封挺客气的回信，还送给冒顿单于一些车马。冒顿单于见了回信，也认为和亲对他有好处，又打发使者来向汉朝认了错，要求和亲，还送了几匹好马来。吕太后就挑了宗室的一个女儿嫁给冒顿单于。就这样，匈奴同汉朝又和好了。

北边同匈奴和好了，南边也不能不防备着。当初中原诸侯攻打秦国的时候，越族的无诸和驺摇这两个首领率领着兵马帮助诸侯灭了秦国。后来汉高祖封无诸为闽越王。驺摇也有功劳，可没受到封。他就在东海（在吴郡东南海边）扩张自己的势力，那一带的老百姓都归附了他。吕太后怕他不安心，就在同匈奴和亲那一年（公元前192年），立闽君驺摇为东海王，以东瓯（今浙江省温州市；瓯 ōu）为都城，所以也称为东瓯王。

北边同匈奴和亲，南边立驺摇为东海王，这是汉惠帝三年的两件大事，都是吕太后出的主意。汉惠帝十七岁即位，到这一年已经二十岁了，可他还没正式结婚。老百姓的子弟到了这个年龄都娶媳妇了，怎么做了皇帝反倒还没结婚呢？

原来汉惠帝的姐姐鲁元公主嫁给张敖后生了个女儿，吕太后打算把她配给汉惠帝，可惜小姑娘太小，一时不能成亲，吕太后只好让汉惠帝等着。到了汉惠帝四年，他的未婚妻也有十几岁了，虽然还太年轻，可吕太后不管，就这样让汉惠帝和张敖的女儿成了亲，还立张氏为皇后。

汉惠帝结婚那一年，做了三件大事情。第一件是叫各郡县推举优秀的老百姓，予以免除徭役的奖励。被推举的人必须是孝顺父母、尊敬兄长而又努力耕种土地的。第二件是大赦天下。第三件是废去秦朝私藏诗书灭门的法令。汉高祖和秦国父老约法三章是在公元前206年，可是秦朝不准私藏诗书的法令一直到公元前191年还存在，已经过去十五年了，才把它废除。到了这时候，朝廷才允许民间收藏诗书，可是已经有点晚了。

此后两年里，接连着死了好几个重要的大臣，相国曹参、舞阳侯樊哙、留侯张良都先后死了。又过了一年（公元前188年，汉惠帝七年），汉惠帝也死了。

吕太后只有这么一个儿子，年纪轻轻地死了，她怎么能不伤心呢。可吕太后没流一滴眼泪，右丞相王陵、左丞相陈平、太尉周勃等大臣都挺纳闷儿。张良的儿子张辟强才十五岁，吕太后把他留在宫里做事，所以他也跟大臣们在一块儿。他们出来以后，张辟强去见左丞相陈平，对他说："太后死了独生子，当然难受极了。可是她没流眼泪，丞相知道这是什么缘故吗？"

陈平说："不知道哇。"张辟强还真帮着吕太后，他说："皇上晏驾了，太后因为没有年壮的儿子，担心大臣们另有打算，所以她伤心得连哭都哭不出来。可是太后怀疑你们另有打算，对她不利，她能轻易放过你们吗？依我说，不如请太后立刻拜她的两个侄儿吕台（吕太后的大哥吕泽的儿子）和吕产（吕台的兄弟）为将军，统领军队，保卫长安和宫殿，再推荐吕家的人，给他们做大官，太后准能高兴，你们也就不至于遭到什么祸患了。"

陈平马上进宫去见吕太后，请她拜吕台、吕产为大将，分别统领南军（驻扎在城内保卫宫廷的军队叫南军）和北军（驻扎在城外的军队叫北军），这两支军队原来都是由太尉周勃统领的。吕太后就怕那些跟汉高祖一同打天下、立过大功的将军们不受约束，汉高祖这么厉害，他们还一个接一个地谋反。她忘不了燕王臧荼、韩王信、代相陈豨、淮阴侯韩信、梁王彭越、淮南王英布、燕王卢绾的事。吕太后完全依了陈平的话，马上把兵权拿过来，这下她才算放了心。一放了心，就一把眼泪一把鼻涕，哭天哭地地哭开儿子来了。

安葬了汉惠帝以后，吕太后就立汉惠帝的儿子刘恭为皇帝，称为"少帝"。可是张皇后到底太年轻，没生过儿子，据说汉惠帝也没跟别的女人生过儿子。那么，哪儿来的少帝呢？吕太后早已准备好了，她叫张皇后填高了肚子，假装受了孕，到时候，偷偷地把别人家的婴儿弄到宫里来，算是张皇后生的。因为少帝刘恭还是个婴儿，不能统治天下，吕太后就名正言顺地替他临朝，主持朝政。

吕太后为了巩固自己的政权，就在朝廷上提出要立吕家的人为王，问问大臣们可不可以。右丞相王陵说："高帝宰了白马，大臣们都宣过誓：非刘氏不得封王！"陈平和周勃则替吕太后找出非刘氏可以封王的道理来，他们说："高祖平定天下，分封自己的子弟为王，这当然是对的；现在太后临朝，分封自己的子弟为王，也没有什么不可以。"吕太后点了点头，没说话，可也没

故事里的中国历史

〇五四

封吕家的人为王。

散朝以后，王陵批评陈平和周勃说："当初在先帝跟前宣誓，你们不是都在场吗？你们一个劲儿地奉承太后，怎么对得起先帝呢？"陈平和周勃说："当面在朝廷上争论，我们比不上您，将来保全刘氏，您可比不上我们。"

王陵只是冷笑着，可是冷笑有什么用？吕太后不让他做丞相，叫他去做婴儿少帝的老师。王陵托病告了长假，吕太后也不去为难他，准他退休。吕太后就拜陈平为右丞相，审食其为左丞相。陈平从此就老是喝酒，审食其只管宫殿里的事，因此实际上就没有一个丞相管理朝廷大事了。

吕太后做事是有步骤的，分封吕家的人也不能一下子就干。她把早已死了的父亲吕公和大哥吕泽封为王，果然没有人反对她去封死人。这两个王既然是姓吕的，那么以后再封别的姓吕的就不足为奇了。在吕太后临朝的八年当中（公元前188年至公元前180年），她的内侄和内侄孙先后封王的有吕台（吕太后的大哥吕泽的儿子）、吕嘉（吕台的儿子）、吕产（吕台的兄弟）、吕禄（吕太后的二哥吕释之的儿子）、吕通（吕台的儿子），连吕太后的妹妹吕须（樊哙的妻子）也封为临光侯。

这么多吕家的人都封了王、封了侯，刘家和刘家的大臣们怎么能服气呢？吕太后早已想到了这一层。她也封了不少姓刘的人，据说封的都不是汉惠帝的儿子。吕太后把别人家的小孩子冒充为汉惠帝的儿子，封他们为王，可少帝还算是张皇后生的。但少帝到了五六岁的时候，挺天真地说："太后杀了我的母亲，赶明儿我长大了，我一定要报仇！"吕太后怕以后出麻烦，就把他杀了，立恒山王刘义为皇帝。

吕太后封的那些刘家的王都是小孩儿，吕家的王大多是带兵的，朝廷上的大臣们又都不敢说话，按理说已经很稳当了。可是她知道不服气的人还有不少，不得不小心提防着。

公元前180年，吕太后得了重病。临终前她立吕产为相国，吕禄的女儿为皇后，吕禄为上将军。她叫吕禄统领北军，吕产统领南军，嘱咐他们说："我死了以后，大臣们也许会趁着丧事作乱，你们必须带领军队保卫宫廷，千万不要出去送殡，免得遭到别人的暗算。"她说完这话，就咽了气。

第九章 汉文帝即位

吕太后死了，吕产、吕禄统领着南军、北军，严密地保卫着宫廷和京城，连太后下葬的时候，他们也不出去。大臣们不免怀疑起来，吕家的将军们为什么带着兵马一直占领着宫廷呢？朱虚侯刘章的媳妇是吕禄的女儿，她一定知道她父亲的行动。刘章向她一盘问，才知道吕产、吕禄是奉了太后的遗嘱保卫着宫廷的。刘章心想：这么下去，刘家的天下不是要变成吕家的天下了吗？他就派心腹去告诉自己的哥哥齐王刘襄，约他发兵从外面打进来，自己在里面接应。

齐王刘襄拿征伐吕家的名目号召诸侯，自己率先发兵往西边打过去。相国吕产得到了这个消息，立刻派颍阴侯灌婴带领兵马去对付刘襄。灌婴到了荥阳,对亲信的将士们说:"吕产、吕禄他们统领大军,占领关中,明明是要夺取刘家的天下。我们要是向齐王进攻,这不是帮助吕家造反吗?"他们都同意暂时把军队驻扎下来,还暗地里通知齐王刘襄约诸侯共同去征伐吕家。这么一来,灌婴和刘襄都把自己的军队驻扎下来,同时联络刘章、周勃、陈平他们,叫他们从里面发动起来,准备里外夹攻,消灭吕家。

刘章、周勃、陈平、郦寄他们想了个办法,居然把吕禄的兵权夺过来了。南军和北军的士兵们也都愿意帮助刘家,反对吕家。刘章杀了吕产,周勃杀了吕禄。两个头儿一死,事情就好办了。周勃带领着新归附过来的军队,把这两家的男女老少全都杀了。他们还杀死了吕须,杀了吕通,废了鲁王张偃。大臣们打发刘章到齐营里请齐王刘襄退兵,一面再派人请灌婴撤兵回来。

到了这时候,刘家的大臣们胆儿就大了。他们说:"从前吕太后所立的少帝和现在的皇上都不是孝惠皇帝的亲骨肉。她还拿别人家的小孩儿冒充惠帝的儿子,还封了王,现在我们灭了吕氏,这些冒充的皇子将来长大了,还不是吕氏一党吗?我们不如斩草除根,再在刘氏诸王当中挑选一个最贤明的,立他为皇帝,这才是正经事。"

可是立谁为皇帝呢?有人说:"齐王刘襄是高帝的长孙,可以即位。"大臣们大多不同意。丞相陈平和太尉周勃认为代王毫无势力,简直跟扔在边界上一样,手底下也没有得力的大臣,要是帮着他登基,自己的功劳可大了,将来的地位稳固。要是立齐王刘襄,齐国的大臣必然得势,一朝天子一朝臣,到那时候自己反倒给排挤出去。他们就冠冕堂皇地说："吕氏差点夺去了刘氏的天下，齐王丈母家势力很大，要是立了齐王，不是去了一个吕氏又来了一个吕氏吗？代王是高帝的亲儿子，年龄最大，谁都知道他品格高、有能耐。他的母亲薄氏素来小心谨慎，从来不过问朝政，立代王为皇帝是最合适的了。"大臣们一见陈平和周勃这么主张，就都同意了，当时就打发使者去迎接代王刘恒。

使者到了代地，向代王刘恒报告了朝廷上大臣们公推他即位的事，请他马上动身。代王刘恒不敢轻易答应，他召集大臣们来商议。郎中令张武说："朝廷上的大臣都是高帝手下的将军和谋士，只知道欺诈，不讲什么信义。他们大多不甘心老老实实地做臣下，因为害怕高帝和太后，才不敢为非作歹。现在太后也去了，京城里闹得鸡犬不宁，谁都想做皇帝，偏偏要到咱们这最偏僻的边疆上来迎接大王，谁也不知道他们打什么主意。大王不如推说有病，探听京城里的动静再说。"

中尉宋昌说："张武只知其一，不知其二。大王可以放心回去，保证没有事。残暴的秦皇失了天下，诸侯豪杰一窝蜂似的起兵，谁都想做皇帝。最终高帝统一了天下，以后谁再起兵都没成功。这是为什么呢？吕太后这么专制，吕氏诸王这么威风，可是刘章、周勃一号召，士兵们都愿意为刘氏效忠。这又是为什么呢？还不是因为天下厌战，老百姓要求过几年太平日子吗？就算是有的大臣要作乱，老百姓不肯听从他们，他们也没法发动起来。现在，高帝的儿子只剩下淮南王刘长和大王两个人了。大王居长，又是人心所向，所以大臣们不得不听从大伙儿的意见来迎接大王，大王不必多心。"

代王觉得宋昌的话很有道理，可是他素来谨慎，就向他母亲薄氏请示。薄氏曾经吃过许多苦头，老怕活不下去。幸亏汉高祖和吕后不把她放在心上，送她到接近匈奴的边疆上来，才没遭毒手，真是不幸中的大幸。她是惊弓之鸟、漏网之鱼，怎么也不肯轻易让她儿子去冒险。娘儿俩商量了一会儿，先打发薄氏的兄弟薄昭到长安去见太尉周勃。周勃老老实实地把大臣们要迎接代王的意思告诉了他。

薄昭回来向代王报告，说："大臣们真心迎接大王，大王不必再怀疑了。"代王对宋昌说："你说得对，咱们走吧。"当时就准备车马。代王只带着宋昌、张武等六个随从人员上长安来了。他们到了高陵，离长安只有几十里地，停下来。代王派宋昌先到长安去看看情况。宋昌到了渭桥（在长安北三里），就瞧见丞相以下的大臣都在那儿等着迎接代王。宋昌下了车，对他们说："特来通报诸君，代王快到了。"大臣们都说："我们恭候着就是了。"宋昌又上了车，急急地回到高陵，请代王放心前去。

代王仍旧叫宋昌驾车，带着张武他们一块儿来了。他们到了渭桥，大臣们都跪着拜见代王。代王下了车，向他们回拜。

太尉周勃想格外献个殷勤，向前抢了一步，单独对代王说："请左右暂退，我有话奉告。"宋昌在旁边一本正经地说："要是太尉说的是公事，公事公办，请公开说吧；要是太尉说的是私事，做王的大公无私！"太尉周勃给宋昌这么一说，不由得脸上直发烧，慌里慌张地跪在代王跟前，拿出皇帝的大印来，双手奉给代

西汉故事

一六一

王。想不到代王推辞说："到了公馆（诸王在京城都有自己的公馆，这是汉朝的制度；代王的公馆叫代邸；邸 dǐ）再商议吧。"周勃只好红着脸把大印收起来，请代王上车，自己领路，一直到了代王的公馆。大臣们都跟着进了公馆。

代王朝西坐下（正位是朝南的，代王在自己的公馆里以主人的身份把大臣们当作贵宾，所以不坐正位），丞相陈平、太尉周勃、朱虚侯刘章，还有别的主要大臣一齐趴在地下。陈平带头说："太后所立的少帝不是惠帝的儿子，本来就不该祀奉宗庙。宗室侯王和大臣们都说大王是高帝的长子，应当祀奉宗庙，请大王即位！"

代王接连推让了三次。他说："祀奉高帝宗庙是多么重大的事，我不敢当。还是请楚王（指汉高祖的兄弟刘交，代王的叔父）到来商议商议，挑选一位贤明的君王吧。"大臣们坚持要请代王即位，他们七手八脚地把代王扶上了正位，请他朝南坐下。代王又推让了两次，陈平、周勃他们不让他再推让。他们说："我们已经很郑重地商议了几次了，大家都认为祀奉高帝宗庙的，只有大王最适宜。请大王以天下为重，不要再推辞了。"

周勃就捧着皇帝的大印，一定要代王接受。代王说："既然宗室、将相决意推定了我，我也不好过于固执，希望各位同心协力，共保汉室。"大臣们就尊代王为天子，就是汉文帝。

当天晚上，汉文帝就拜宋昌为卫将军，统领南北军，张武为郎中令，管理宫殿。汉文帝身边除了宋昌、张武以外，就只有舅舅薄昭算是自己人。他知道自己确实没有势力，君位并不巩固：论辈分，楚王刘交是他叔父；论地位，齐王刘襄是高祖长孙；就是兄弟刘长当初所封的淮南也比代地重要得多。他这样前思后想地一合计，要保持君位，治理天下，只能虚心地尊重先帝的大臣，再就是减少老百姓的痛苦，对他们多多让步来换取他们的拥护。于是他连夜下了诏书，大赦天下。

汉文帝尊他母亲薄氏为皇太后，拜陈平为左丞相，周勃为右丞相，灌婴为太尉，齐王刘襄、朱虚侯刘章等也都论功行赏，加了俸禄。右丞相是朝廷上最高的官衔，周勃也认为自己功劳最大，地位最高，他的那股子得意劲儿就不用提了。他仰着脑袋，个儿也好像高了一截。汉文帝对他很尊敬，每回散朝，还用眼睛送他，直到他出去了才坐下。

郎中袁盎见了这种情形，挺担心。他问汉文帝："皇上觉得周丞相是什么样的臣下呢？"汉文帝说："是一位忠臣。"袁盎说："我看他只能算是一个功臣，算不上忠臣。不顾自己的性命，一心一意跟君王同生死的，才是忠臣。当吕太后专权的时候，刘氏危急万分，周丞相身为太尉，掌握着兵权，不敢挺身而出，挽救当时的局面，反倒违背了高帝的盟约，附和吕太后封吕氏为王。等到吕太后死了，大臣们起来征讨吕氏，周丞相碰上了运气，成功了，本来也没有什么了不起的地方。现在皇上即位，拜他为右丞相，他正应该小心谨慎、虚心待人才是。可是他反倒在皇上面前得意忘形、目中无人。难道忠臣是这个样子的吗？我怕皇上对他越恭敬，他就越骄傲。这么下去，太不妥当了。"

汉文帝听了，点点头。之后他对周勃还是挺恭敬的，可是恭敬之中带着严肃。周勃才开始有点怕汉文帝了。

第十章 废除连坐法

汉文帝即位,首先大赦天下,接着就召集大臣们商议一件大事。他说:"治天下当然不能没有法令。法令公正,才能禁止横暴,鼓励从善。一个人犯了法,定了罪也就是了。为什么把他的父母、妻子也都逮来治罪呢?我不相信这种法令是公正的。请你们商议个改变的办法。"

一班掌管法令的大臣都说:"老百姓自己管不住自己,所以得用法令去管束他们。一个人犯了法,把他的父母、妻子也都逮来治罪,全家才能重视法令,互相监督,不敢轻易犯法。自古以来就是这样的,这可不能改,改了怕管不住百姓。"

汉文帝说:"我听说如果法令公正,百姓就能忠诚;惩罚适当,百姓才能服从。官吏领导百姓好像放羊的人照顾羊群一样。做了官吏既不能好好地领导百姓，又拿不合理的法令去定他们的罪，这不是反倒害了他们吗？这就难怪有人不顾法令胡作妄为了。我看拿这样的法令去禁止人犯法是禁止不了的。终究改了适宜还是不改适宜，请你们再仔细商议商议吧。"

大臣们再要反对，也说不出道理来，就说："这是皇上的恩德，好极了。我们怎么也不会想得这么周到。这种法令趁早改了才是。"自此，全家连坐的法令就被废除了。

大臣们因为汉文帝连罪人的父母、妻子都照顾到了，他们也不能不替汉文帝的家里安排一番，于是建议立皇子刘启为太子。汉文帝不免推让一番，他说："我自己还怕不配治理天下。上，不能求天帝免去天灾；下，不能使天下人安居乐业。现在，虽然不能征求天下贤明有德行的人，把天下让给他，可是也不应当为自己打算，预先立了太子。我要是自私自利，怎么对得起天下呢？"大臣们说："立太子是为了重视宗庙，不忘天下，不能说是自私自利。"汉文帝不再反对，就立皇子刘启为太子。

既然立了太子，大臣们又请汉文帝立太子的母亲窦氏为皇后。汉文帝不敢自己做主，就向薄太后请示。薄太后一向看重窦氏，窦氏不但对太后孝顺，对汉文帝恭敬，对儿女教育有方，对左右谦虚、热心，而且她也像薄太后一样，从来没忘过自己的出身，在宫里坚持亲自劳作，服装朴素，真是一个又勤俭又贤惠的妇女。薄太后完全赞成立她为皇后。

汉文帝一来因为自己没有势力，只怕国家不好治理，二来他

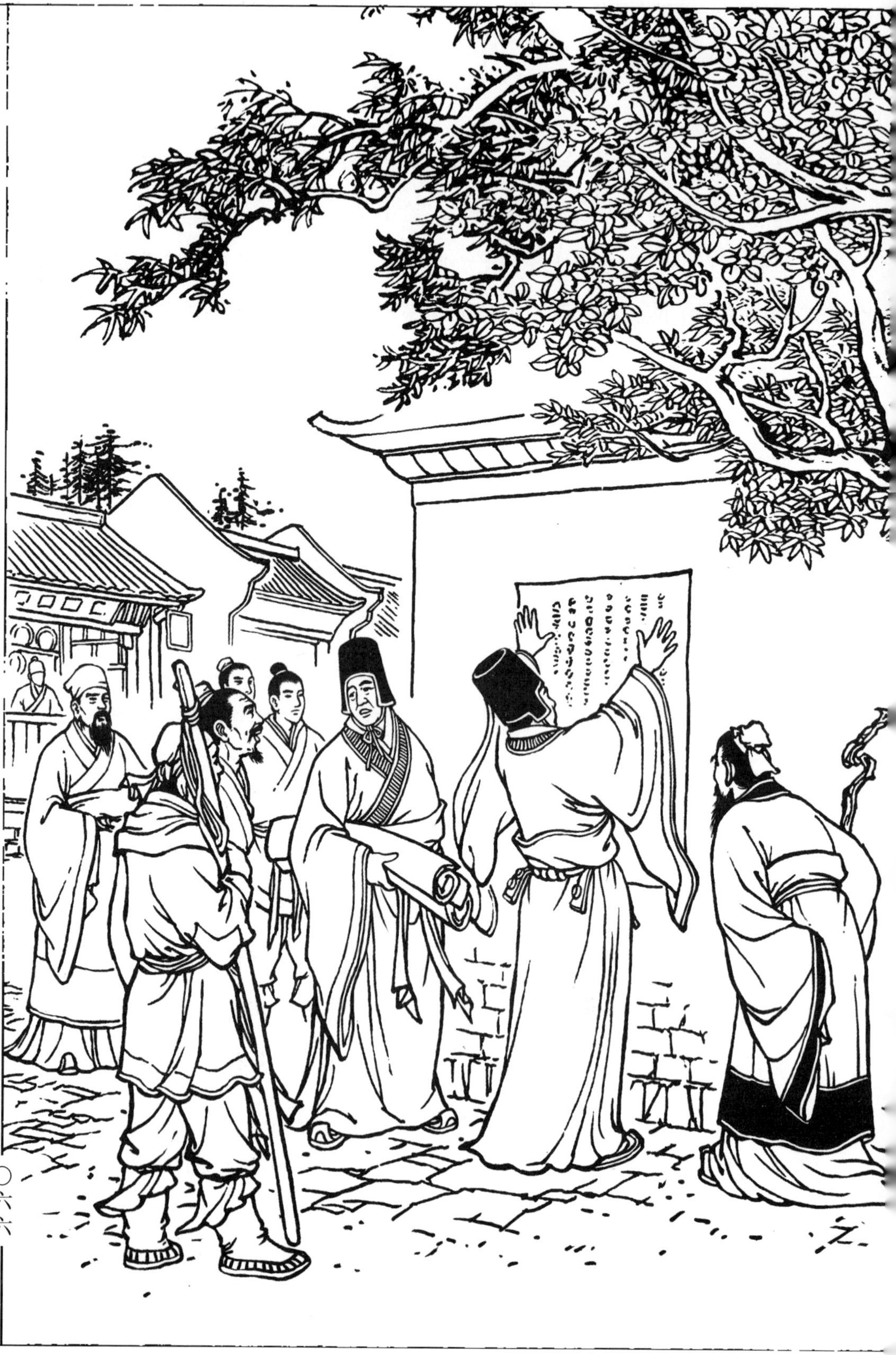

原被送到边缘地区，是个吃过苦头的人，他就有意识地想出种种办法安抚人民。他下了一道诏书，开始救济各地的鳏寡孤独（鳏guān，死了妻子的老年人；寡，死了丈夫的老年人；孤，孤儿；独，没有儿子的老年人）以及穷困的人。规定八十岁以上的每人每月给米一石、肉二十斤、酒五斗，九十岁以上的每人每月再给帛两匹、丝绵三斤，还规定各地的长官必须按时去慰问年老的人。

汉文帝废除了全家连坐的法令，已经让老百姓很感激了，现在他又实实在在地救济了穷人，老百姓都愿意为他效忠，向他进贡。

有一个地方出了一匹千里马，这是无价之宝。当地的老百姓每家凑出钱来，公推那个主人把千里马献给汉文帝。文武百官见了千里马，就一起向汉文帝庆贺。汉文帝对大臣们说："我出去的时候，前面有旗车，后面有属车，平时巡游，每天也不过走五十里，天子行军，每天只走三十里。我骑了千里马，一个人跑到哪儿去？"他吩咐左右把千里马还给原来的主人，又给了马主人来回的路费。汉文帝唯恐以后还有人来进贡，就下了一道诏书，不准四方官民再献任何礼物。

汉文帝反对残酷的刑罚和铺张浪费的习气，他要知道人民犯法的情况和朝廷钱粮收入的多少。他一面命令各地长官必须慎重地审问案子，一面吩咐宫里上下人等都要节衣缩食，不许浪费。

有一天，大臣们上朝，汉文帝问右丞相周勃："全国一年要关多少人在监狱里？"周勃耷拉着脑袋，回答说："不知道。"汉文帝又问："一年当中收进的和支出的钱粮各有多少？"周勃又说："不知道。"他急得脊梁直冒汗。

汉文帝回头又问左丞相陈平,陈平比周勃机灵得多了,他说:"这些事都有主管的人。皇上要知道监狱的情况,可以问廷尉;要知道钱粮的收支,可以问治粟内史。"汉文帝说:"既然一切事情都有主管的人,那么,你们管的是什么呢?"陈平的嘴是最会说话的,他说:"丞相主要的职司是:上,帮助天子调理阴阳,顺从四时;下,适应万物;外,镇抚四方;内,爱护百姓,使文武百官各守职责。"

汉文帝听了他这些摸不着边的话,不好意思再追问下去,就说:"哦,原来如此。"周勃自己觉得才能不如陈平,就交还相印,告老还乡了。汉文帝趁机废除了左右丞相的制度,让陈平一个人做了丞相。

汉文帝在一年内就把天下治理得井井有条,老百姓都能够安居乐业。可是南方的边疆还不受汉朝约束,南越王赵佗在吕太后临朝的时候就自立为南越武帝,那时就跟汉朝对立了。南越离中原远,赵佗没有力量打到这儿来,天下还算是太平的。可是汉文帝认为统一的中国,这一部分的土地是万万不能放弃的。

南越王赵佗已经承认是汉朝的臣下,一向镇守着南方,跟中原也有些来往,怎么现在又跟汉朝对立起来了呢?原来南越王虽然是汉朝封的,但只是个外臣,不受朝廷统治,因此一向不被作为中原的诸侯看待。在吕太后临朝的第四年(公元前184年),汉朝的官吏请吕太后下令禁止把铁器卖给南越。吕太后同意了,还在长沙国通往南越的地界上设立了关口,严格检查禁运的货物。

南越人不但买不到中原的铁器,后来连他们所需要的别的东西也都得不到了,生活上很不方便,他们纷纷向南越王赵佗报告。赵佗可火儿了,他说:"高帝立我为王,互相交换货物。现在吕太后听了奸臣的话,把我们南越当作野蛮人看待,断绝来往,禁运货物。这准是长沙王的诡计。他想靠着朝廷的势力兼并南越,自己做王。我不能待在这儿等着挨打。"

赵佗就自立为南越武帝,在公元前182年发兵打到长沙国的边界,夺了几个县城。长沙王吴回(吴芮的孙子,吴臣的儿子)向吕太后报告,请求朝廷发兵支援长沙,吕太后就在第二年拜隆虑侯周灶为将军去攻打南越。中原的大军走了几个月才到了南方。正赶上三伏天,又热又湿,北方的士兵怎么也受不了这种天气。起初还只有少数的士兵中暑死去,后来发生了疫病,死的人就更多了。南越的士兵守着各路关口,中原的大军没法过去。就这么在路上转来转去费了快一年工夫,还不能越过阳山岭(在今广东省连州市东南)去。又过了几个月,吕太后去世的消息传来,中原的将士干脆就退了兵。

中原兵一退,赵佗更加威风。他一面把军队驻扎在长沙国的边界上威胁着中原,一面拿财物送给闽越,把它收为属国。赵佗统治了这一大片土地,他就按照汉朝的仪式做了南越的皇帝,出来的时候坐着金黄色的马车(用黄色的缎子作为马车的装饰),左边飘着一面大纛(古代军队里的大旗;纛 dào),就这么跟中原对抗起来了。

汉文帝即位以后,首先整顿了内政,然后才想办法去对付南越。他知道赵佗是真定人,祖先的坟墓都在那儿,就派人去修缮这些坟墓，还设立了一个专门管理坟地的机构，一年四季按照规矩举行祭祀的仪式。汉文帝又把赵佗的叔伯兄弟安置了地位，他想起陆贾从前见过赵佗，跟赵佗还是挺要好的，就派陆贾为使臣，拿着他给赵佗的一封信，带了一些礼物，再一次到南越去。

赵佗看了汉文帝的信，拉着陆贾的手，说："皇上真是个忠厚长者。他这么又虚心又诚恳地对待我，我要是再跟他对抗，也太说不过去了。"赵佗于是恢复了南越王的称号，给汉文帝回了一封信，并献上了很多礼物。陆贾拜别了南越王赵佗，回去报告汉文帝。汉文帝看了赵佗的信，很是高兴。他觉得，中国人尽管住在遥远的边疆，还是热爱自己的父母之邦的。他不由得更热爱自己的国家了。

第十一章 耕种的榜样

汉文帝不用兵马就把南越收服过来，更觉得文教重要。可是拿文教治理天下，也不能专靠他一个人哪。因此，他要多多搜罗人才，帮助他做事。他听说河南郡守吴公治理河南很有成绩，人们甚至夸奖他是天下第一好郡守。汉文帝就把他调到京城里来，请他做了廷尉。吴公又推荐了洛阳人贾谊，说他熟读诗书，挺有才能，汉文帝就封贾谊为博士。

贾谊是个年轻小伙子，只有二十几岁，可是比朝廷上一班老大臣都强。汉文帝每次起草诏书的时候，叫大臣们来商议，那班老先生就知道点头哈腰地说好，可提不出什么意见来。贾谊没有这么深的人情世故，他想到什么就说什么，而且说的都很有道理。因此，汉文帝很看重他，才一年就把他升为太中大夫。

汉文帝重视贾谊，不但因为他有才能，而且因为他肯说话。多少年来，人们是不能谈论政治的，更不用说批评朝廷了。汉文帝下了一道诏书，让人们多提意见。他首先定出选举"贤良方正"的制度，只要品行端正、稍通文墨的人，能够直爽地说实话、规劝皇上的，都有被选的资格。每一个郡选举一次总有一百多个。可是，"贤良方正"毕竟还有一定的名额，一般的老百姓还是不敢批评朝廷的。

汉文帝刚即位的时候，沿用着一条法令，叫"诽谤妖言法"（"诽谤"就是诬蔑朝廷或者批评皇帝的意思；"妖言"是有意造谣，扰乱人心的意思；"法"就是法令）。犯了诽谤妖言法的就有死罪，严重的还得灭门。汉文帝已经废除了"全家连坐法"，这会儿他又下了诏书废除"诽谤妖言法"。他说："拿诽谤妖言法来定罪，谁还敢说话？朝廷上的大臣不敢直爽地说话，做皇帝的有了过失，怎么能听得到批评？远地方的人更不能来劝告皇帝了。这种法令应当立刻废除。如果有人咒骂皇帝，官吏就认为大逆不道，说话一不小心，又说他们有意诽谤，那简直是封了人民的嘴。我极不同意这种做法。从此以后，有犯所谓诽谤妖言法的，一概无罪，不管老百姓说什么话，官吏不准干涉。"

这么一来，上奏章的、当面规劝皇帝的人就多起来了。别说在朝廷上，就是在路上有人上书，汉文帝都会把车停下来，把奏章接过去。他说："可以采用的就采用，不能采用的先搁在一边，这有什么不好呢？"

公元前178年（汉文帝二年），贾谊上了一个奏章，请汉文帝提倡生产，厉行节约。汉文帝完全同意贾谊的话。他在春耕以前就下了诏书，劝老百姓多生产粮食。他还亲自率领大臣们下地，做个耕种的榜样。另外还规定：农民缺少五谷种子或者没有口粮的，由各县借给他们。各地的长官也不得不下乡，进行农贷，劝告农民及时耕作。老百姓得到了帮助，又听到了汉文帝亲自耕种的消息，男男女女干活儿的劲头可就更大了。土地是不辜负辛勤劳作的人们的，农民多用力气，它就多生产粮食。那年秋天，全国得到了普遍的丰收。

汉文帝为了鼓励农民积蓄，就下了一道诏书，说：粮食是天下的根本，人民是靠着它养活的。如果人民不着重耕种，就不能过生活。所以我亲自率领臣下劝人民着重耕种。今年农民格外勤劳，可喜可嘉，准予免去天下农民今年田租的一半。

汉高祖原来规定的田租是十五税一，现在只收半租，就是三十税一，这确实是最轻的租税了。老百姓因为得到了丰收，又免了一半的田租，一个个眉开眼笑。想不到朝廷上平时不大关心老百姓痛痒的大臣们也因为另一件事情高兴得眉开眼笑。原来，那个一向叫大臣们厌恶的审食其被淮南王刘长杀了。

淮南王刘长是汉高祖的小儿子，汉高祖消灭了淮南王英布，就封刘长为淮南王。刘长在汉文帝即位的第三年（公元前177年）到长安来朝见他的皇帝哥哥。刘长是汉文帝唯一活着的兄弟，汉文帝像待亲兄弟一样地待他。刘长很有力气，平日骄横惯了的，

故事里的中国历史

〇七四

对汉文帝也不太恭敬，老管他叫大哥。汉文帝只有这么一个兄弟，也不计较。刘长说要去见审食其，汉文帝答应了。

审食其听说淮南王来访问他，大摇大摆地出来迎接。刘长下了车，从袖口里拿出一个铁锤，一下子把审食其砸死了。他马上回来，求见汉文帝。汉文帝出来，瞧见兄弟刘长光着上半身，跪在台阶底下直哭。汉文帝问他是怎么回事。

刘长说："辟阳侯是吕后最信任的人，他明明知道贯高谋反的事跟我母亲没有丝毫关系，可是他不肯在吕后面前申辩，这是第一项大罪；赵王如意母子二人没有罪反而遭了毒害，辟阳侯也不说，这是第二项大罪；吕后把吕家的人封了王，要夺刘氏的天下，辟阳侯又不说话，这是第三项大罪。我今天杀了他，一则为天下除去奸臣，二则为母亲报仇。可是我自作主张，得罪了皇上，请皇上惩办吧。"

汉文帝也同情他母亲死得可怜，觉得情有可原，就免了他的罪，让他回到淮南去。哪儿知道汉文帝越是偏护着刘长，刘长越发闹得没边儿了。他目无朝廷法令，独断专行起来。他把车马装饰得跟皇帝的一样，汉文帝派使者去劝告他，他也不见。最后，他派人到南方去联络闽越，到北方去勾结匈奴，竟准备造反了。

帮着刘长谋反的人被逮住了，刘长也被带到长安来。大臣们一定要汉文帝把刘长办死罪。刘长也认为这会儿再也保不住命了。可是汉文帝还是免了他的死罪，只是废除了他的王号，把他送到蜀地去，还让他带着全家的人一块儿搬去。刘长想不到汉文帝对他这么宽大，心里头好像刀子扎着似的那么难受，就在路上绝食自杀了。

汉文帝得到了这个消息，哭着说："我不过暂时叫他去吃点苦，希望他能悔过，哪儿想得到他会死呢？"大臣们劝汉文帝，说："淮南王自作自受，请皇上不要过于伤心。"汉文帝说："我只有这一个兄弟，还不能保全他，总觉得于心不安。"他因为死了兄弟十分伤心，可是人们说他杀了兄弟，还编了一首歌谣讽刺他。汉文帝听到了这首歌谣，心里十分难过，就把淮南王的四个儿子都封为侯。大夫贾谊得到了这个消息，上了一个奏章，说淮南王大逆不道，死在路上也是活该，朝廷不应该把罪人的儿子封为侯。

淮南王谋反自杀，还有人批评汉文帝，说兄弟二人不能相容。没想到过了四年（公元前170年，汉文帝十年），他的舅舅（薄太后唯一的亲兄弟）车骑将军薄昭，杀了天子的使者，犯了大逆不道的死罪，这真把汉文帝难住了。他真后悔，不该拜自己的舅舅为车骑将军，车骑将军的地位多么高哇，姐姐是皇太后，外甥是皇上，这就使薄昭骄横起来，连天子的使者也不搁在眼里。汉文帝要是不把他治罪，给将来横行不法的外戚们开个先例，以后就更不好治理了。于是，他这回总算铁了心。

可要是把薄昭抓来治罪，从外甥和娘舅的关系上说，汉文帝又怕妨碍了孝道。要是薄昭能够认识到自己的罪过，自我惩办了，那该多么好哇，汉文帝就打发公卿大臣上薄昭家里去跟他喝酒。在酒席上大伙儿劝薄昭自杀，薄昭不依。大臣们只好回来。没多久，他们再一次上薄家去，说是去吊孝的。薄昭一见公卿大臣们个个都穿着丧服，戴着孝，向他号丧，他只好硬着头皮自杀了。

第十二章 废除肉刑

汉文帝在即位第二年（公元前 178 年）就免去天下田租的一半；第十二年（公元前 168 年）又免去天下田租的一半；第十三年以后，完全废除了田租。十几年来，国内基本上是太平的，跟匈奴也没发生过大的战争。南越王赵佗曾经进攻过长沙国，可是汉文帝开诚布公地跟他和好，避免了战争。吴王刘濞假装得病不来朝见，准备谋反。大臣们都主张去征伐，汉文帝可不把他当成谋反，说是因为他老了，不便来往，就赐给他几、杖，准他免礼，不必上朝，又暂时避免了一场战争。

没有战争，国家又有了积蓄，再加上汉文帝一生节俭，不肯轻易动用国库，国家就更加富足了。有一次，有人建议造一个露台。汉文帝召工匠计算一下得花多少钱。工匠仔细一算，需要一百金（汉朝以黄金一斤为一金）。汉文帝说："要这么多吗？十户中等人家的财产也不过一百金。我住在先帝的宫里已经觉得害臊，何必再造露台呢？"

为了给天下做个俭朴的榜样，他穿的衣服是黑色的厚帛做的。他最宠爱的夫人所穿的衣服也挺朴素，衣服下摆不拖到地上，宫女们更不必说了。宫里的帐幕、帷子全不刺绣，也没有花边。

为了给天下做个勤劳的榜样，汉文帝制定了一种男耕女织的仪式。他在春耕的时候，亲自率领臣下耕种一块土地，生产一些供祭祀用的粮食；皇后亲自率领宫女采桑、养蚕，生产一些蚕丝，作为祭服（祭祀穿的衣服）的材料。

由于勤劳、节约，不收田租也可以过得去，再说，汉文帝只说废除田租，可没说废除商人的税赋。这还不算，汉文帝早就开发铜山，铸造钱币。当初秦朝通用的是半两钱（每枚钱币重半两；半两等于十二铢），汉高祖嫌它太重，改铸荚钱。这种荚钱又小又薄，但仍称作"半两"，因此物价高涨。吕太后当政时期，先后推行八铢钱和五分钱，但都没能解决这一问题。汉文帝为了压低物价，在他即位的第五年，就铸造四铢钱，而且还废除禁止私铸钱币的法令，有钱的人可以自己铸造钱币。可见汉文帝虽然废除田租，朝廷还是很富裕的。

就在废除田租的那一年，汉文帝又废除了肉刑（那时候的肉刑包括脸上刺字、割去鼻子、砍去左右足三种）。事情是这样的：

齐国临淄有个读书人，名叫淳于意（淳于，姓；意，名）。

他喜欢医学，拜同乡人阳庆为老师，得到了古代医学家传下来的治病的方法，能够预先断定病人的生死。他替人治病，很有把握，因此很快就出了名。后来他做了齐国太仓县的县令，也算是个清官。可他有个毛病，一向自由散漫，不愿意受什么拘束，所以辞了官，仍旧去做医生。看病的人实在太多了，他又喜欢出去游玩，也不管病人多少，反正看了半天病，下午就出去了。

有一个大商人的小妾患了病，请淳于意医治，那女人吃了药不见好转，过了几天死了。大商人告他是庸医杀人、草菅人命，当地官吏把他判了肉刑。因为淳于意曾经做过县令，所以要押解到长安去受刑罚，临走的时候，他叹着气说："唉，生女不生男，有了急难，一个有用处的也没有！"

淳于意有五个女儿，最小的女儿缇萦（tíyíng）听了又是伤心又是气愤。她想："为什么女儿就没有用处呢？难道我不能替父亲做点事吗？"她决定跟着父亲一块儿上长安去。她父亲到了这时候，反倒疼着她，劝她留在家里。解差也不愿意带上小姑娘，多个累赘。缇萦可不依，寻死觅活地非去不可。解差怕罪犯还没送到先出了命案，只好带着她一块儿去了。

缇萦到了长安，要上殿去见汉文帝，管宫门的人不让她进去。她就写了一封信，又到宫门口来了。他们只好把她的信传上去。汉文帝一看，才知道上书的是个小姑娘，字写得歪歪扭扭，可是挺感人的。那信上写道：

我叫缇萦，是太仓县令淳于意的小女儿。我父亲做官的时候，齐地的人都说他是个清官。这会儿犯了罪，应当受到肉刑的处分。

故事里的中国历史

○八○

我不但替父亲伤心，也替所有受肉刑的人伤心。一个人死了，不能再活；割去了鼻子，不能再安上去。以后就是想要改过自新，也没有办法了。我愿意给公家做奴婢替父亲赎罪，好让他有个改过自新的机会。恳求皇上开开恩！

汉文帝不但同情小姑娘这一番孝心，而且深深地觉得过去的肉刑实在太不合理。他召集大臣们，对他们说："犯了罪，应当受到刑罚，这是没有话说的。可是受了罚，得到了教训，就该让他好好地重新做人才是。现在惩办一个犯人，不但叫他受到痛苦，而且还在他脸上刺字或者毁了他的肢体，这就太过分了。刺上字再也去不掉，毁了肢体再也长不出来，害得他一辈子没法再做好人。这样的刑罚怎么能劝人为善呢？我决定废除肉刑，你们商议个替代肉刑的办法吧。"

丞相张苍（张苍原来是秦朝的御史大夫，精通数学和天文；这时候陈平、周勃、灌婴都去世了，张苍是接替灌婴为丞相的）和别的几位大臣拟定了几条办法：

1. 废除脸上刺字的肉刑，改为服苦役；
2. 废除割去鼻子的肉刑，改为打三百板子；
3. 废除砍去左右足的肉刑，改为打五百板子。

汉文帝同意了，就下了一道诏书，正式废除肉刑。小姑娘缇萦不但帮助了自己的父亲，也替天下的人做了一件好事情。说起来也奇怪，汉文帝注重勤俭和教化，不但老百姓有了积蓄，户口年年增加，而且刑罚越减轻，犯罪的人反而越少。一年里头，全国犯重罪的案子一共只有四百来件。

第十三章 有生必有死

冒顿单于和他的儿子老上单于都是汉朝的姑爷，虽然在边疆上免不了有冲突，可是毕竟没发生过像平城之战那样大规模的战争。到了公元前162年（汉文帝后元二年），老上单于死了，他的儿子军臣单于即位，打发使者到汉朝来报丧。汉文帝遵守和亲的盟约，把宗室的公主嫁给军臣单于。军臣单于娶了汉朝的公主倒还称心如意，偏偏汉奸中行说三番五次地鼓动单于进攻中原，夺取汉朝的土地。

军臣单于刚和汉室公主结了婚，还不愿意违背盟约。到了第四年（公元前158年），他听了中行说的话，跟汉朝绝交，派了六万人马分两路打到中原来。一路到了上郡，一路到了云中郡，杀害了许多老百姓，抢掠了不少牛羊、财物。匈奴来势汹汹，连长安也惊动了。

汉文帝连忙派三位将军带领三路人马去抵御。为了保卫长安，另外又派了三位将军带领三路人马分别驻扎在邻近的地区：将军周亚夫（周勃的儿子）的军队驻扎在细柳（在长安西南），将军刘礼的军队驻扎在灞上（在长安东三十里），将军徐厉的军队驻扎在棘门（在长安北）。汉文帝亲自到这三个地方去慰劳将士。他先到了灞上，带着随从的臣下一直进了军营。慰劳了将士们以后，他又坐车赶到棘门。同样一直进了军营，慰劳了那儿的将士们。

第二天，汉文帝到了细柳，远远地就瞧见将士们拿着刀、戟守着营门。再过去，还瞧见弓箭手扣上箭、拉满了弓等在那儿，好像对付敌人一样。前面的车刚到营门口，站岗的士兵吆喝一声："站住！"车上的人说："皇上到了，你们还不让我们进去？"士兵说："将军有令：军队里只听将军的命令。"

这时候，汉文帝的车到了，同样不能进去。汉文帝打发使者拿着符节去通知周亚夫，说皇上亲自来慰劳军队。周亚夫传令大开军门，让皇上的车马进去。管营门的士兵对驾车的人说："将军有约：军营里不得跑马。"汉文帝只好叫车马慢慢地走。汉文帝到了营里，周亚夫带着兵器向他作个揖，说："穿铠甲的将军不能跪拜，请准我行军礼吧。"汉文帝不由得挺恭敬地还了礼。他举行了慰劳军队的仪式以后就回去了。

跟着汉文帝一块儿去的大臣们都觉得周亚夫这么对待皇上，未免太过分了。汉文帝反倒说："啊，他才真是个将军！灞上、棘门的军队简直像小孩儿闹着玩儿似的。要是敌人突然打进去，这种将军不做俘虏才怪哪！像周亚夫那样的将军，还有人敢冒犯他吗？"

跟匈奴打仗的那三路军队打了不过几个月工夫就把匈奴打回去了，他们也就撤兵回到长安。

匈奴是被打败了，可是灾荒好像跟战争连在一块儿似的，那年夏天，发生了旱灾，庄稼已经不像样了。哪儿知道连这一点点不像样的庄稼又全给蝗虫吃光了。汉文帝就下了一道诏书，吩咐天下做五件事：（1）诸侯不必进贡；（2）以前禁止老百姓进去的山林和河流一律开放；（3）减少公家的衣服和车马，精简官员的人数；（4）发放公家的粮食救济贫民；（5）有钱的人要买爵位的，没有钱的人要卖粮食的，任他们买卖。这一年就这么度过去了。第二年（公元前157年，汉文帝后元七年），汉文帝得了重病，他立个遗嘱，上面写着：

万物有生必有死。死是自然的道理，用不着太伤心的。现在的人，一听到死就害怕；死了人，为了出殡、安葬花了很多的财物，甚至弄得倾家荡产；为了追悼死了的人，过分地伤心、啼哭，甚至弄坏自己的身子。这些都是不好的，我很不赞成。像我这样道德不高、才能浅薄的人，靠着上天的恩赐、祖宗的洪福、天下诸侯王的爱戴，做了二十多年皇帝，四方还算太平，没发生过大的战争，我这么死去已经够有造化的了，何必悲伤呢？因此，我嘱咐天下的官吏和老百姓，戴孝只准三天，在这期间并不禁止结婚、祭祀、喝酒、吃肉。本族的人也不要像从前那样赤脚踏地地

西汉故事

八五

啼哭。戴孝的麻不可太长，三寸就够了。千万别发动老百姓到宫殿上来号丧。宫里的人也只要早晨和晚上啼哭几声就是了，别的时候不准啼哭。过去穿孝三年，太长了，现在拿一天当作一个月，三十六天就可以满孝了。把我葬在霸陵（在长安东南），用不着起大坟，也用不着把坟堆得高高的。后宫里夫人以下直至少使的所有女人一概送回自己的家里去。别的事情我也不能一一嘱咐，只要以此类推地去做就是了。

汉文帝立了遗嘱，就不想再说话了。太子刘启流着眼泪，问："要是皇上抛下我们，叫我们怎么办呢？"汉文帝挺温和地瞧着他，对他说："将来国内要是有变乱，可以拜周亚夫为将军，你也不必担心。"说了这话，他就咽气了。

汉文帝二十三岁即位，做了二十三年皇帝，享年四十六岁。在他做皇帝的时候，宫殿、花园不增加一点，车马、衣着很节俭，废除连坐法和肉刑，田租减半，甚至完全免去。当然，免去田租，得到好处的主要是地主，可是那时候，地主不必付田租，对农民的剥削也减轻了一点，这对发展生产也有好处。因此，二十多年来，老百姓得到了休养。汉文帝在中国历史上可以说是一位开明君主。他死了以后，大臣们尊他为孝文皇帝。

太子刘启即位，就是汉景帝。汉景帝认为租税固然不应该太重，可是为了国家的开支也不能完全没有租税。他在即位第一年，开始收原来田租的一半，就是收三十成里的一成（就是百分之三点三三）。

当初汉文帝废除肉刑本来是件好事情。可是，犯人有打到五百或者三百板子就给打死的。本来应当砍去左右足的或者应当割去鼻子的，汉文帝改为打五百或者三百板子，好像减轻了刑罚，实际上也有把人打死的。汉景帝即位没多久，有些被打死的犯人的家属起来喊冤枉，他们说："为什么没有死罪的遭了死刑？"

汉景帝不愿意把事情闹大了，再说他也不同意把轻罪办成死罪。他就下了一道诏书：原来规定打五百板子的减为三百，原来规定打三百板子的减为二百。这么减了刑罚，当然比从前轻了些。可是减到三百或者二百板子，还是有给打死的。后来（汉景帝六年）汉景帝又规定：应当打三百板子的改为二百，应当打二百板子的改为一百。他还规定只准打屁股，不准打别的地方。这么一来，就再没有给板子打死的了。

汉景帝也像汉文帝一样，决心要把天下治理得好好的。他知道晁错有才能，就把晁错提升为御史大夫。谁想得到忠心耿耿的晁错为了要安定天下，反倒引起了一场大乱。

第十四章 削地

晁错眼看分封的那些王势力越来越大，有的作威作福，已经不受朝廷的约束了，他怕这么下去会发生变乱。有些诸侯的土地实在太多了，像齐王有七十多座城，吴王有五十多座城，楚王也有四十多座城。要是他们仗着这个势力，不服从朝廷，就会把汉朝的天下弄成四分五裂的局面。

晁错拿吴王刘濞当例子，对汉景帝说："吴王不来上朝，按理就该治罪。先帝赐给他几、杖，本来希望他改过自新，他反倒越来越傲慢了。他不但私自开铜山铸钱，烧海水煮盐，而且还招收了一些亡命徒，暗地里准备造反。要是不及早削去他一部分的土地，将来就没法对付他了。"汉景帝也打算削弱这些同姓王的势力，可是他不敢动手。他说:"削去他们的封地,当然最好不过了,就怕他们造反。"晁错说:"如果削去他们一部分的土地,他们就要造反,那么,就是现在不动他们的土地,到时候他们也会造反的。不如现在就动手,祸患还能小一点。现在不削地,将来他们造起反来,祸患那就更大了。"

汉景帝召集了几个近身的大臣商议这件事情。大臣们都同意,就算有人不赞成,也因为晁错是皇上的红人,不敢反驳他。只有窦太后的侄儿窦婴,因为有撑腰的人,才毫无顾忌地反对晁错的主张。汉景帝只好暂时把这件事搁在一边。晁错因为窦婴的反对,不能实行自己的主张,心里实在有点恨他。可是人家是皇亲国戚,怎么能跟他作对呢?恰巧梁王刘武来朝见汉景帝,晁错可有了机会。

梁王刘武和汉景帝是一奶同胞。这次来了,母子、兄弟相会,都很高兴。窦婴是梁王的表哥,也来凑热闹。大伙儿喝酒、聊天。窦太后素来喜欢小儿子,汉景帝又只有这么一个亲兄弟,大家对他就格外亲热。窦太后瞧着他们哥儿俩这么热乎乎的,就说:"皇儿待兄弟真好。"汉景帝因为多喝了点酒,又是喜欢小兄弟,又想讨母亲的好,就说:"将来我把皇位传给兄弟!"

梁王刘武明知道这不过是他哥哥闹着玩儿的,可是就这么随便说说,也够称心了。窦太后还真以为两个儿子都能做皇帝,那可多美呀。她正想抓住汉景帝叫他订约,想不到她的侄儿窦婴斟了一杯酒,端给汉景帝,对他说:"天下是高皇帝的天下。皇位传给儿子是天经地义,怎么能传给梁王呢?皇上说错了话,请喝一杯。"汉景帝笑了笑,还真把那杯罚酒喝下去了。梁王刘武只觉得窦婴讨厌，窦太后瞪了窦婴一眼，回到自己的屋子里去了。窦婴就这么得罪了他的姑母窦太后。

第二天，窦婴上书辞职，托病回家。他一走，就没有人敢反对晁错了。晁错趁着这个机会又请汉景帝削去诸侯的封地。他对汉景帝说："楚王刘戊（刘交的孙子；刘交是汉高祖的兄弟）荒淫无度，太皇太后下葬的时候，他还跟宫女们胡闹。这种没廉耻的人应该处罚。"汉景帝就削去楚国的东海郡作为惩罚。

晁错又查出胶西王刘卬（汉高祖的孙子，刘肥的儿子；卬áng）接受贿赂，私自卖官鬻爵，汉景帝就削去胶西王的六个县城。赵王刘遂（汉高祖的孙子，刘友的儿子）也因为犯了过失，被削去赵国的常山郡。这三个同姓的王（楚王刘戊、赵王刘遂、胶西王刘卬）一时不敢反抗，只能怨恨晁错。

晁错正在同汉景帝商议着要削去吴王刘濞封地的时候，吴王刘濞已经派人到各国联络。别说汉景帝要削去他的封地，他要造反，就是早在汉文帝的时候，他已经不受朝廷的管束了。他始终没来朝见过汉文帝。只有一次，他派吴太子刘贤到过长安。吴太子刘贤像他老子一样，自尊自大，目中无人。他和皇太子（就是汉景帝）下棋，为了一个子儿，争起来。吴太子是被惯坏了的，皇太子更不必说，从来没有人敢顶撞他。"钉头碰铁头"，两个淘气的家伙碰出火星儿来了。皇太子拿起棋盘砸过去，一下子就把吴太子砸死了。

汉文帝把皇太子责备了一顿，把吴太子的尸首入殓，派人运到吴国去。吴王刘濞见了儿子的灵柩，鼻子都要气歪了。他把灵枢退回去，说："现在天下一家，死在长安，就葬在长安，还送来干什么！"打这儿起，吴王刘濞一心一意准备造反，朝廷上的大臣们都要求汉文帝发兵去征伐，汉文帝抱定"多一事不如少一事"的宗旨，下了一道诏书，好言好语地安慰吴王刘濞，还赐他几、杖，说他年老，不必入朝。吴王刘濞找不到起兵的名义，不能鼓动别人跟着他走，只好把造反的打算暂时搁下。

这回他听说汉景帝削地削到他头上来，起兵有了名义，就决定造反了。公元前154年（汉景帝三年），他打发使者拿惩办晁错的名义去约楚王、赵王和胶西王共同出兵。本来这三个王就因为没有人出来领头才不敢发动，现在有了吴王刘濞替他们做主，胆儿就大了。

胶西、楚、赵这三个王国里面也有几个大臣反对的，可都给杀了。胶西王刘印格外卖力气，他还去发动齐、淄川、胶东、济南、济北等国一同起兵。齐王刘将闾（刘肥的儿子）同意了，可是后来他又改变了主意，吩咐将士们守住临淄，不让外面的军队进来。济北王刘志（刘肥的儿子）因为要修理济北的城墙，腾不出手来，不能发兵。胶西王刘印就率领着胶西、胶东、淄川、济南四国的兵马围攻齐国。他打算先把临淄打下来，然后再跟吴王刘濞、楚王刘戊、赵王刘遂的大军会合在一起打到长安去。

那边吴王刘濞率领着二十多万兵马从广陵出发，渡过淮水，跟楚王刘戊的军队合在一起，声势更大。吴王刘濞又通告各国诸侯，请他们发兵惩办奸臣，挽救刘氏的天下。那时候中原大大小小的诸侯有二十二个，除了吴、楚、赵、胶西、胶东、淄川、济

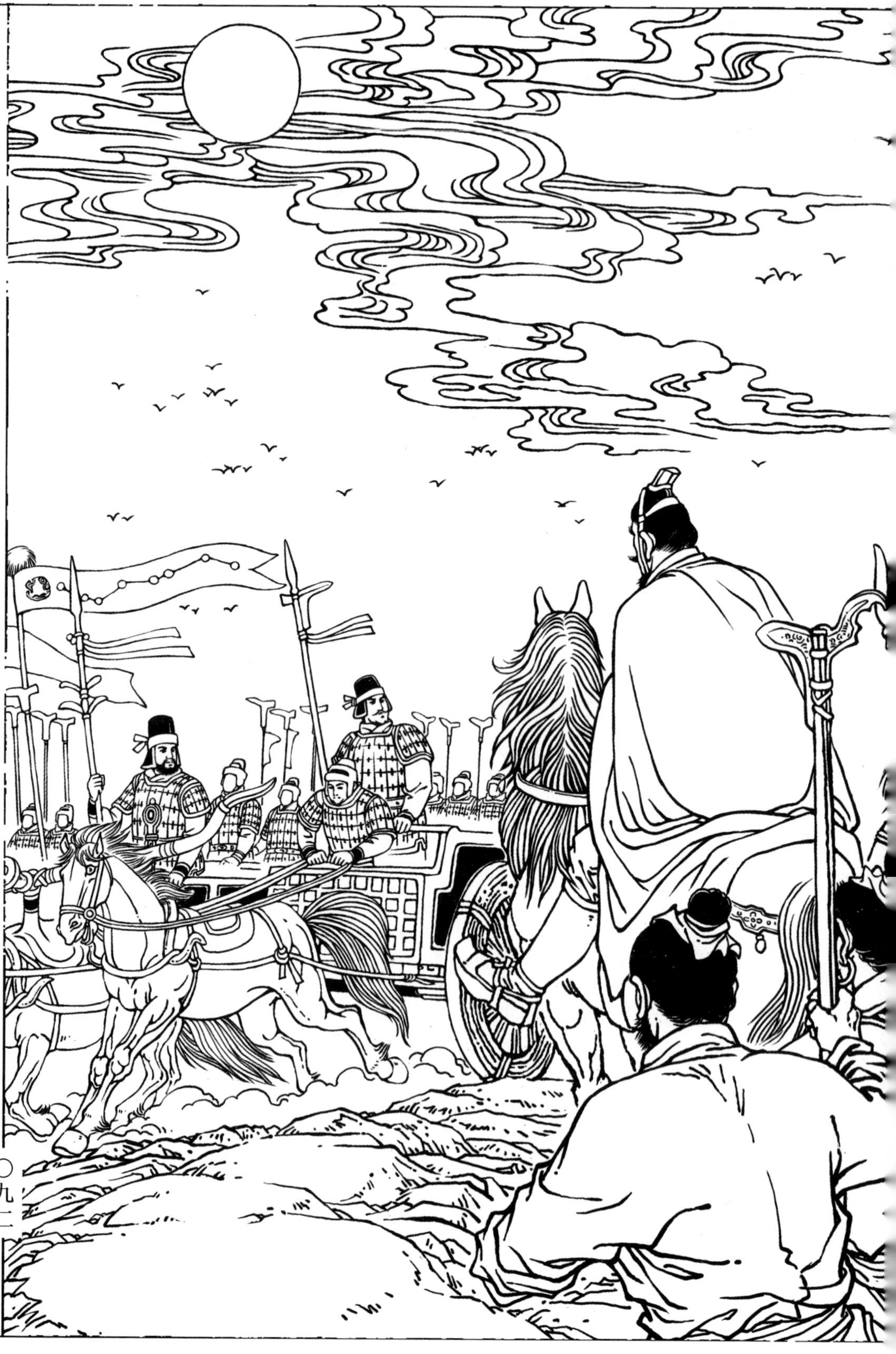

南七国以外，其余像齐、燕、济北、淮南、梁、代、长沙等十五国，有的坚决反对吴王刘濞，发兵抵御，有的还要等一等听听风声。吴王刘濞和楚王刘戊就先去进攻梁国。

就这样，东边是胶西王、胶东王、淄川王、济南王围攻齐国；南边是吴王和楚王围攻梁国；北边是赵王在邯郸虚张声势，单等吴、楚大军一到，就准备南下。这时候，赵王还打发使者去约匈奴作为他们的后援。

齐王刘将闾、梁王刘武接连打发使者赶到长安，火急求救。汉景帝立刻召集大臣们商议怎么去对付叛军。大臣们谁都不说话，晁错出了主意，他请汉景帝亲自监督将士首先把守荥阳，堵住吴、楚那一头。关中由晁错自己镇守，然后再调动兵马一个一个地去对付七国。

汉景帝嘴里不说，心里有点不痛快，他想："怎么叫我出去作战，你自己倒躲在京城里？"他正在为难的时候，忽然想起汉文帝临终时候的话来了："将来国内要是有变乱，可以拜周亚夫为将军。"汉景帝就拜周亚夫为将军，把他升为太尉。周亚夫率领着三十六个将军和他们的兵马去对付吴王和楚王那一路。

汉景帝又派使者召窦婴入朝，要拜他为大将。窦婴因为反对汉景帝同梁王刘武说的开玩笑的话，得罪了窦太后，已经辞了职，正在家里闲着。现在汉景帝把他叫来，还要拜他为大将，他推辞着说："我本来没有才能，近来又老得病，请皇上另挑别人吧。"汉景帝劝他不要老记着过去的事，还说："天下这么危急，你是自己人，难道还能站在旁边不出力吗？"窦婴只好答应。

汉景帝拜窦婴为大将去对付胶西王、胶东王、淄川王、济南王那一路的叛军。窦婴又推荐了栾布和郦寄两个人为将军，汉景帝也同意了。窦婴派栾布带领一队兵马去救齐国，派郦寄带领另一队兵马去征伐赵王刘遂，自己准备去镇守荥阳，接应救齐和攻赵的两路兵马。

第十五章 平定七国

窦婴还没动身，那个做过吴相国的袁盎来求见他，对他说："打仗不一定能打赢，只要皇上采用我的计策，去了晁错，管保七国退兵。"窦婴也像袁盎那样，一向痛恨晁错，把他看得跟眼中钉一样。现在听到袁盎排挤晁错，高兴极了，当天晚上就进宫去见汉景帝，说袁盎有平定七国的妙计。

汉景帝不满晁错叫他去打仗，一听袁盎有妙计，立刻让窦婴叫袁盎进宫。袁盎到了宫里，瞧见晁错正在汉景帝跟前商议运输军粮的事。汉景帝问袁盎："七国造反，你说怎么办？"袁盎说："皇上可以放心！我是来献计策的，可是军情大事必须严守秘密。"汉景帝就叫左右退去，只有晁错还留在跟前。汉景帝等着袁盎说出他的计策来，袁盎只是看看汉景帝，又看看晁错，还是不说话，汉景帝只好叫晁错暂时退下去。晁错瞅了袁盎一眼，很不高兴地退到东厢房去了。

袁盎见四面没有人了，才轻轻地对汉景帝说："吴、楚发兵就是为了晁错一个人。他们说：'高帝分封子弟，各有土地，现在奸臣晁错一心要削去同姓王的封地，这不是成心要削弱刘氏的天下吗？'因此，他们发兵前来，一定要惩办晁错。只要皇上斩了晁错，免了诸侯王起兵的罪，恢复他们原来的土地，臣可以担保他们就会向皇上请罪，撤兵回去的。"

汉景帝拿手托着下巴颏儿，慢慢地摸着，过了好大一会儿，才说："如果能够这样，我又何必舍不得他一个人哪。"袁盎一瞧事情已经成功了，就赶紧卸责任，说："我的话就说到这儿，究竟应该怎么办，还是请皇上自己拿主意。"

过了几天，就有当时的丞相、中尉和廷尉上本弹劾晁错，说他言论荒谬，大逆不道，应当腰斩。汉景帝把心一横，亲手批准了他们拿来的公文。可是晁错还在鼓里蒙着呢。他正在家里计划着怎么运输军粮，忽然有个大臣直到御史府，传达皇帝的命令，叫晁错跟着他上朝议事。晁错立刻穿上朝服，整了整帽子，跟着那位大臣上了车，急急忙忙地去了。晁错沿路看着不是往宫廷去的道，正要问个明白，车马已经到了东市。那个大臣拿出诏书来，说："晁御史下车听诏书。"晁错还没下车，武士们一窝蜂地上来，把他绑上。御史大夫晁错为了巩固汉朝的天下，就这么穿着朝服，莫名其妙地被汉朝的皇帝杀了，还灭了门。

汉景帝就派袁盎和吴王刘濞的一个亲戚带着诏书去叫吴王刘濞退兵。吴王刘濞一听到汉景帝已经把晁错腰斩了，心里反倒大失所望。他已经打了几个胜仗，夺了不少地盘，哪儿还肯退兵？他不愿意接见袁盎，只叫他的那个亲戚进去，对那个亲戚说："我已经做了东边的皇帝了，还接什么诏书？"他把那个亲戚留在营里，另外派五百名士兵围住袁盎，叫他投降。到了半夜里，袁盎逃了出去。他还真有本领，转了几个弯，赶路往长安去向汉景帝回报去了。

汉景帝还以为袁盎到了吴王营里，准能叫他退兵。等了好几天，袁盎还没来，来了个周亚夫的使者邓公，向汉景帝报告军情。汉景帝问他："你从军营里来，知不知道晁错已经死了？现在吴、楚是不是愿意退兵？"邓公说："吴王成心要造反，已经几十年了。这次借晁错削地的因头发兵，哪儿真是为了他呢？想不到皇上竟把晁错杀了。这么一来，恐怕以后谁也不敢再替朝廷出主意了。"

汉景帝叹了一口气，说："你说得对。我后悔也来不及了。"他叫邓公回去慰劳周亚夫，叫周亚夫用心主持军事。邓公刚出去，梁王刘武的使者又到了。过了一会儿，又有一个使者到了。他们请求皇上赶快发兵去救梁国。汉景帝就派人去催周亚夫进兵。周亚夫上书说明进攻的计划，汉景帝很信任他，下了道诏书，嘱咐他按计划去做。周亚夫接到诏书，立刻从灞上动身，去了荥阳。

周亚夫连着接到梁王刘武求救的信，他只叫梁王守住睢阳，可是自己不发兵去救。他留下一部分人马守住荥阳，自己带领着大军退到昌邑。他吩咐将士们坚决遵守"只守不攻"的命令。这么一天天地过去，周亚夫的军队天天闲着。吴王和楚王瞧着周亚夫的大军已经到了，可就是不来跟他们交战。

吴王刘濞对楚王刘戊说："他不过来，咱们打过去吧。"他们就去进攻昌邑。吴、楚的将士三番五次地向周亚夫挑战，周亚夫叫将士们守住军营，不准出战。

吴王刘濞、楚王刘戊反倒着起急来了。怎么这几天运粮队不来了呢？他们正打算派人去催，他们的探子一个个地回来报告，说："周亚夫暗地里派了一队最有能耐的将士，抄到咱们的后路，早就把咱们运粮的道儿截断了。前些日子已经运来的粮草也全给他们抢去了。"吴王刘濞听了这个报告，着急地说："我们几十万人马，没有粮草怎么行呢？"楚王刘戊听了，只会翻白眼。

又过了三五天，吴、楚的士兵自己先乱起来。他们也不管队伍不队伍的，反正肚子饿了总得想办法弄点吃的来。到了这个时候，周亚夫才亲自率领着将士们进攻。灌婴的儿子灌阿和灌家的勇士灌孟、灌夫爷儿俩，还有射箭的能手李广要算最卖力气的了。灌孟阵亡，他儿子灌夫发疯似的冲进敌阵，杀散了敌人，负伤十几处还使劲地追杀敌人。李广凭他百发百中的箭法，专射将领，吓得吴王刘濞的将领不敢让他瞧见。周亚夫的大军像狂风刮霜叶似的把吴、楚的兵马打得一败涂地。

吴王刘濞带着他十四岁的儿子趁着黑夜逃跑。第二天，将士们找不到他们的头儿，都乱哄哄地散了。单丝不成线，楚王刘戊也只好逃跑。他带着一部分人马正想溜的时候，周亚夫的兵马早已把他们围住，大声嚷着说："放下兵器，一概免死！"楚王刘

西汉故事

戊知道已经逃不了啦，只好自杀了事。

周亚夫在这儿消灭了吴、楚的兵马，才派将士去救齐国。胶西、胶东、淄川、济南四个王连着打了几个败仗。齐王刘将闾和栾布他们趁机联合起来追赶那四国的兵马，到最后胶西王、胶东王、淄川王、济南王都自杀了。七国当中只有赵王刘遂还守住邯郸，抵御着郦寄。这会儿，六国已经平了，周亚夫和窦婴再发一些兵马去帮助郦寄，赵王刘遂就没法再抵抗。他向匈奴去求救兵，匈奴已经打听到吴、楚失败的消息，不肯发兵。赵王刘遂也只好自杀。

那个首先发动叛变的吴王刘濞逃到东越去，东越王一接到周亚夫的信，就把刘濞杀了。刘濞的儿子刘驹逃到闽越，就在那边住下。齐王刘将闾因为当初答应过随吴王刘濞一同造反，后来虽然改变了主意，还是怕朝廷治他的罪，也自杀了。就这样，七国的叛变，不到三个月工夫，就全都平定下去了。

汉景帝还算厚道，虽然灭了七国的王，但还是让七国的后代继承了王位。经过这一番变乱，各国诸侯以后只能在自己的封国内征收租税，不再干预地方行政，诸侯的势力大大削弱。汉朝能够加强政权的统一，晁错是有功劳的，可是他已经被灭三族了。

第二年（公元前153年，汉景帝四年），汉景帝立皇子刘荣为皇太子，皇子刘彻为胶东王。汉景帝有十几个儿子，刘荣不是嫡子，也不是长子，年纪又小，为什么立他为皇太子呢？

第十六章 金屋藏娇

汉景帝已经立薄氏（太皇太后薄氏的内侄孙女）为皇后，可是他爱上了妃子栗姬。薄氏没有儿子，栗姬连着生了三个儿子。汉景帝打算废了薄皇后，立栗姬为皇后，他就先立栗姬的长子刘荣为皇太子。谁都想得到，只要薄皇后一废，栗姬就是皇后了。想不到栗姬在这场斗争中失了一着，皇后的位子反倒给别的妃子抢了去。

那个跟栗姬争宠的妃子叫王美人（美人，汉宫妃子等级中的一种称号）。王美人生了个儿子，就是刘彻。刘彻比刘荣小，而王美人终究还比不上栗姬那么得宠，所以汉景帝立栗姬的儿子刘荣为皇太子，立王美人的儿子刘彻为胶东王。到了汉景帝六年，一道诏书下来，把薄皇后废了。这皇后的宝座就到了栗姬的手边了。正在这个紧要关头，汉景帝的姐姐长公主刘嫖插进来，栗姬跟王美人斗争的形势就起了根本性的变化。

长公主嫁给堂邑侯陈午（陈婴的孙子），生个女儿，叫阿娇。长公主本来想把女儿阿娇许配给皇太子刘荣，托人向栗姬去说媒。栗姬明明知道长公主跟皇上姐弟俩十分亲密，也知道后宫里的美人儿都奉承着长公主，但因为长公主帮助后宫分了自己的恩宠，早就恨透了她。这次长公主为了自己的女儿托人来做媒，栗姬一肚子的气就借着这件事全发泄出来，她干脆地回绝了。

长公主恼羞成怒，从此跟栗姬结下了冤仇。王美人抓住这个机会，一个劲儿地讨长公主的好。长公主一高兴，就把她当作亲家看待，愿意把阿娇许配给刘彻，王美人别提多高兴了。她说："亲家这么照顾我们，我们一辈子也忘不了您的恩典。可是我总觉得太委屈阿娇了。"长公主说："有我在，她受不着什么委屈。"就这样，王美人和长公主都自作主张，做了亲家。

王美人把这件喜事告诉了汉景帝，汉景帝可不同意。他说："阿娇比彻儿大好几岁，不合适。"王美人愁眉苦脸地向长公主诉委屈。长公主就带着阿娇到宫里来见汉景帝。汉景帝高兴地接待了她们，王美人也带着刘彻来向长公主请安。

长公主把刘彻抱过来，放在自己的膝盖上，摸着他的小脑袋，笑嘻嘻地问他："彻儿要不要媳妇？"小孩儿刘彻笑着不说话。长公主指着一个宫女对他说："她给你做媳妇，好不好？"刘彻摇摇头，说："不要。"长公主指着自己的女儿，问他："阿娇

西汉故事

给你做媳妇好吗?"刘彻咧开嘴乐了,说:"要是阿娇给我,赶明儿我一定盖一间金屋给她住。"大伙儿不由得都笑了起来。汉景帝觉得他儿子小小年纪这么爱着阿娇,大概是个姻缘,就答应了这门亲事。

汉景帝废了薄皇后,就打算立栗姬为皇后。可是栗姬也实在太骄横了。有一次,汉景帝身体不舒服,心中烦闷,他故意对栗姬说:"我百岁之后,请你照顾照顾所有的皇子,行不行?"栗姬听了,很不高兴,理也不去理他。汉景帝又逼问她一句:"怎么啦?"栗姬就很不客气地回答说:"怎么啦?我又不是保姆!"汉景帝简直有点恨她了。恰好长公主来看汉景帝,对他说:"栗姬肚量狭窄,老咒骂别人,特别是对王美人更厉害。要是她做了皇后,恐怕后宫里悲惨事儿是难免的了。"汉景帝想起汉高祖当年宠爱的戚夫人的悲惨遭遇,浑身打了一阵冷战,更不愿意让栗姬做皇后了。

过了一年,皇后的位置还空着不说,连太子刘荣也被废了,改封为临江王。到了这个时候,栗姬好比竹篮打水,忙了一场空,气得得病死了。这么一来,皇后和皇太子的位置就全空出来,这就引起梁王刘武的兴趣来了。

梁王刘武是汉景帝的胞弟,是窦太后的命根子。上回听了汉景帝说将来传位给他,当时以为只是一句玩笑话,可是之后他老想着要是有朝一日真能做上皇帝,那该有多好哇。后来七王造反,梁王刘武坚决地抵抗了吴、楚的进攻,立了功劳。汉景帝赐给他天子的旗子,车马也装饰得跟天子的差不多,他就越来越威风了。

他的奢侈放纵连天子都比不上。他修了一个极大的花园叫菟园，也叫东苑，后人称为梁园。里面不但盖了许多宫室，还堆了不少假山和岩洞，开了一些河道和水池子。各种花木应有尽有，飞禽走兽无奇不有。梁王在这儿不是跟宫女们斗鸡、钓鱼，就是跟门客们喝酒作诗。

他开始招收四方宾客，手底下的人就一天一天地多起来。齐人羊胜、公孙诡、邹阳，吴人枚乘、庄忌，蜀人司马相如等这些有名人物都做了他的门客。公孙诡更替他出主意，叫他争取皇帝的地位。公孙诡一听说皇上把皇太子刘荣废了，就催促梁王刘武去见窦太后，要求她从中帮助。窦太后就叫两个儿子进宫里来喝酒，她对汉景帝说："我老了，活不了几年了。我只希望你做皇兄的好好地照顾兄弟。"汉景帝当时就跪下去，说："我一定遵从母亲的话。"

第二天，汉景帝召集几个心腹大臣，秘密地商议可不可以传位给梁王。袁盎首先说："皇上没听到过从前宋宣公传位给他兄弟的事吗？因为他不把皇位传给自己的儿子，反倒传给他的兄弟，害得宋国乱了多少年。皇上千万可别学宋宣公！"大臣们都劝汉景帝遵守传子不传弟的规矩。汉景帝只好把大臣们的意见告诉了窦太后，窦太后和梁王刘武当时没有话说，可是他们打这儿起就恨透了袁盎。

公元前149年（中元元年，汉景帝即位第八年），汉景帝立王美人为皇后，胶东王刘彻为皇太子。不久，有人报告说："袁盎被人刺死了，还有几个大臣也被害了。"汉景帝一听，就料到这准是梁王刘武干的。他马上派大臣田叔和吕季主到梁国去查办凶手。他们到了梁国，很快把案子查清楚了。田叔跟吕季主商量了一下，认为梁王刘武是窦太后心爱的儿子，皇上的亲兄弟，没法叫他抵罪。他们就把主犯公孙诡和羊胜定了死罪，把全部案卷带了回来。

他们到了京城，才知道窦太后为了梁王的案子，哭个不停，已经有几天没吃饭。田叔就把带来的全部案卷烧毁。汉景帝问他："梁王的事办完了吗？"田叔说："办完了。主犯公孙诡和羊胜已经处死了。"汉景帝说："难道梁王不在里边吗？全部案卷都带来了没有？"田叔说："请皇上不必再追问。留着这种案卷没有好处，我大胆地把它烧了。"汉景帝慰劳了田叔和吕季主，进去告诉窦太后，窦太后这才放心。

窦太后和梁王都很感激田叔和吕季主，可是他们更忘不了王信。王信是王皇后的哥哥，汉景帝的大舅子。他为了讨窦太后的好，不断地在汉景帝面前替梁王刘武求情。汉景帝听了王信的劝，再加上田叔烧毁了案卷，就不再追究。这才使他们母子兄弟又能团圆。梁王刘武亲自去向王信道谢。两个人一来二去地就做了知己。他们做了知己，周亚夫可就倒了霉了。

梁王刘武因为当初吴、楚兵马围住睢阳，他一天几次向周亚夫求救兵，可周亚夫不愿意分散兵力，坚决不让将士们去救，他恨死了周亚夫。后来周亚夫平定了七国的叛乱，功劳大，还做了丞相，地位又高，梁王只好把这个仇恨记在心里头。这会儿他跟汉景帝和好了，就老在汉景帝跟前数落周亚夫的过错。

王信跟周亚夫的仇恨更大了。汉景帝废去太子的时候，周亚夫出来反对；立王美人为皇后的时候，他又出来反对。汉景帝这两次都没听周亚夫的话。王美人做了皇后以后，一个劲儿地奉承窦太后，窦太后就叫汉景帝封王皇后的哥哥王信为侯。汉景帝同周亚夫商议，周亚夫说："高皇帝有约在先：没有功劳的不得封侯。王信虽然是皇后的哥哥，可他什么功劳都没立过，不应该封他。"汉景帝这次虽然听了他的话，可是心里挺不痛快。窦太后、王皇后、王信他们不断地在汉景帝面前说周亚夫的坏话。

公元前147年，有匈奴王徐卢等六个人从匈奴那边过来投降。汉景帝为了鼓励那些已经投降了匈奴的汉人回到中原来，决定把徐卢等六个人都封为侯。丞相周亚夫拦住他，说："叛逆的人应当治罪，怎么能受封呢？就是匈奴自己的臣下背叛了他们的君王过来投降，也是不忠。臣下不忠，投降敌国，也可以封侯，将来皇上还怎么能够勉励忠臣呢？"汉景帝听了这话，再也忍耐不住，说："丞相这话不合时势，不能听！"他就封徐卢为容城侯，徐卢以下五个人也都封了侯。周亚夫推说有病，要求辞职。汉景帝准他辞职。

公元前144年，梁王刘武回国以后，得病死了。他还留下一句话，请汉景帝注意周亚夫的行动。不久，有人控告周亚夫谋反，汉景帝就把他交给廷尉去办。周亚夫已经老了，他儿子给他做寿坟，买了五百套铠甲和盾牌作为殉葬的器物。这件事连累到周亚夫，罪名是盗买兵器。周亚夫气得呼呼直喘，当时就要自杀。他夫人劝他耐住性子，说事情总会弄清楚的。周亚夫这才到了公堂。

廷尉责问他，说："你为什么造反？"周亚夫说："我买的是殉葬的器物，怎么说我造反呢？"廷尉说："你生前不造反，死后就可以用这些器物造反喽。"周亚夫冷笑了一声，不愿意再跟这种人说话。他索性闭上嘴，什么也不说。廷尉再三问他，他始终不开口。他一闭上嘴，不但不再说一句话，而且也不再吃一点东西。连着五天，水米不进，最后他吐了几口血，离开了人间。

汉景帝听说周亚夫死了，也就算了。他不愿意人家说他刻薄寡恩，就封周亚夫的兄弟为侯，继承周勃的地位。那个王皇后的哥哥王信从此出了头，挺顺利地受封为侯。

汉景帝也知道官吏严酷、诸侯奢侈，已经成了风气。他曾经下过诏书，要官吏从宽处理罪犯，加紧劝导农民。后来又下了一道诏书，提倡节约，禁止采办黄金、珠宝。可是既然朝廷把残酷的廷尉看作能手，把无功受禄的人看作阔人，这些诏书就都变成了官样文章。

公元前141年，汉景帝四十八岁，得了重病死了。皇太子刘彻即位，就是汉武帝。汉武帝即位那一年才十六岁，他已经娶了陈阿娇。他早已说过"金屋藏娇"的话，这会儿就立阿娇为皇后，尊窦太后为太皇太后，王皇后为皇太后，尊外祖母臧儿为平原君，还把臧儿再嫁以后所生的两个儿子田蚡（fén）和田胜都封为侯。

汉武帝虽然年轻，可是他什么事都懂得一点。他一即位，就下了一道诏书，搜罗人才，叫丞相、御史、郡守、诸侯王等推举贤良方正。从各地送来的人可真不少，汉武帝还要亲自考查他们的学问。这样一来，朝廷变成了考场。

第十七章 排斥百家

汉武帝喜欢文学，尤其喜欢看文理通顺、辞藻丰富的文章。他的诏书一颁布下去，各地推举了不少读书人，被选上送到朝廷里来的就有一百多人。汉武帝叫他们每人都写一篇文章，内容不外乎怎么样治理天下。大约费了半天工夫这批人陆续交了卷，都退出去了。汉武帝一篇一篇地看，觉得都很平常。后来有一篇，他认为写得最好，就仔细读了几遍。那篇文章是广川人（广川，在今河北省景县西南）董仲舒写的。

董仲舒研究《春秋》，很有心得。学生们都尊敬他。汉武帝看了他的文章，觉着写得好，又单独问了他两次。他就又写了两篇。那三篇文章主要是说：圣明的君王治理天下不是靠着刑罚，而是靠着文教。用仁义礼乐教化老百姓，能够使正气升上来、邪气降下去，老百姓就不会犯法、作乱。一块玉石不经过琢磨，是不会变成玉器的。朝廷要搜罗人才，就得培养人才；要培养人才，就得兴办学校。天下已经统一了，就应当好好地去教化人民、培养人才。要教化人民、培养人才，就应当有一套统一的理论。一个老师有一个说法，一百家有一百家的道理，那是不行的。如果这么一来，叫人们到底听从哪一家好呢？董仲舒建议：除了孔子的学说以外，别的学说一律禁止。他说这样天下的思想就可以一致，法度就能够明确，老百姓也就知道什么是应当遵守的了。

董仲舒排斥百家、着重一统的议论正合乎汉武帝独霸天下的心思。汉武帝在朝堂上把董仲舒大大地称赞了一番，当时就派他去做江都的相国，帮助江都王刘非（汉景帝的儿子，汉武帝的异母哥哥）。大臣们听到汉武帝称赞董仲舒，又看到派他做了江都的相国，都认为孔子这一派的儒家该吃香了。丞相卫绾上了一个奏章，大意是说：各地送来的那些贤良方正，有的是法家这一派的（指商鞅和韩非的那个学派），有的是纵横家这一派的（指苏秦、张仪那一派），有的是别的什么什么派的，这些人不但不能治理国家，而且各人说各人那一套，反倒会扰乱朝廷，应当一律不用。

汉武帝听了他的话，只把公孙弘、庄助等几个儒家这一派的人留下，别的人一律不要。汉武帝知道窦婴和田蚡也算是儒家这一派的大臣，就把他们重用起来。他把年老的卫绾免了职，拜窦婴为丞相，田蚡为太尉。窦婴和田蚡做了朝廷上数一数二的大官，他们又推荐了几个儒生给汉武帝。汉武帝任用代人赵绾为御史大夫，兰陵人王臧为郎中令。赵绾和王臧请汉武帝设立"明堂"。汉武帝就吩咐他们依照古代的制度去起草设立明堂的计划。他们又推荐他们的老师申公。汉武帝早就听说申公是当时数得着的儒家学者，就打发使者用最隆重的礼节去聘请申公。

申公年轻的时候曾经见过汉高祖，后来做了楚国的大臣，因为反对楚王刘戊谋反，曾经受过刑罚。他回到鲁国后，在家乡专门讲学，教授了一千多个弟子。这时候，他已经八十多了，本来不愿意出门，可是见到汉武帝这么隆重地派使者来请他，只好跟着使者到了长安。

汉武帝尊敬地问他怎么样治理天下。申公唯恐这位年轻的皇帝好高骛远，能说不能做，就回答说："治理天下不在乎多说话，主要是看行动上怎么样。"他就说了这么一句话。汉武帝等了半天，还是听不到下文，也就算了。申公哪，等了半天，还是听不到汉武帝再问下去，也就拉倒。

申公就这么说了一句话出来了。他的门生赵绾和王臧向他请教古代的明堂制度是怎么样的，他只是笑了笑，可没说什么。赵绾和王臧还认为老师脾气古怪，过几天再说吧。哪儿知道过了几天，大祸临头了。

原来太皇太后窦氏是信黄老的，一听到汉武帝重用儒生，她已经不高兴了。别的事情可以听凭汉武帝去办，只要是冒犯黄老的，她可怎么也不能依。她把儒家的道理批评得一文不值，把赵绾和王臧看成是只会说空话不会干活儿的帮闲的。这样一来可把赵绾和王臧都气坏了。他们上了一个奏章，说："按照古时候的规矩，

故事里的中国历史

妇女不得干预朝政。现在皇上亲自治理天下，什么事情都应当自己做主，怎么还要去向东宫（太皇太后住在长乐宫，长乐宫在长安东边，所以也叫东宫）请示呢？"汉武帝一时不好回答他们。

太皇太后知道了，就马上责备汉武帝，说："你用人用得好哇！赵绾、王臧是什么样的儒生啊？他们只懂得挑拨离间，自己目无长辈还不够，还要诱惑你藐视孝道。你这个不孝的子孙，还要包庇他们吗？"汉武帝说："这我哪儿敢。因为窦丞相和田太尉都说他们有才能，我才用了他们。"太皇太后说："窦婴、田蚡都不是东西！你要还算是我的子孙，就该把赵绾、王臧下狱，把窦婴、田蚡马上免职！"

汉武帝到底还太年轻，他祖母的势力又挺大，他只好革去赵绾、王臧的官职，把他们下了监狱。他还想等到他祖母消了气，再把那两个人放出来。偏偏窦太后抓住这件事不放，她说不把赵绾、王臧办死罪，不把窦婴、田蚡免职，她就死不罢休。赵绾和王臧知道自己难逃一劫，就在监狱里自杀了。汉武帝把窦婴和田蚡免了职，那个老头儿申公倒挺有造化，趁机告老还乡。什么明堂，什么学校，也就不了了之了。

太皇太后窦氏可有她自己的主张。她讨厌夸夸其谈的儒生，可是挺看得起少说话、多做事的人。她对汉武帝说："儒生专注重外表，写的文章读起来倒是好听，可是不如万石君这一家子能够老老实实地做事。"

"万石君"是河内人石奋这一家的外号。石奋从十五岁的时候就侍奉汉高祖，又历经汉惠帝、吕太后、汉文帝、汉景帝这么多代，一直做着官。他没有学问，可是为人忠厚老实，做事小心谨慎。他有四个儿子，也都很朴实。在汉景帝的时候，爷儿五个都做了官，每人俸禄两千石，全家一共一万石，所以称为"万石君"。

太皇太后反对儒家，喜欢像万石君那样专做事、不说话的老实人，所以在汉武帝面前称赞他们这一家子。这时候，石奋已经告老了，他的大儿子石建也老得头发全都白了，小儿子石庆可正在壮年，老二、老三已经去世。汉武帝就任命石建为郎中令，石庆为内史（治理京城的官，就是后来称为京兆尹的）。

郎中令石建每五天回家一次去看看他父亲。他父亲换下来的衬衣，他老是偷偷地洗干净了，再交给底下人，从来不让他父亲知道是他洗的。他在汉武帝跟前做事非常小心。没有别的人在场的时候，他也能和汉武帝说几句话；一到朝堂上，好像什么话都说不上来了。他看公文，仔细得不能再仔细，连"马"字（繁体写作"馬"）少了一点，他也一定补上去。

内史石庆的那股子细心劲儿也跟他哥哥一样。有一次，他替汉武帝驾车，汉武帝问他："拉车的有几匹马？"石庆当然知道皇帝的车一直是用六匹马拉的，他担心忙中有错，就用马鞭子一匹一匹地数了一遍，说："六匹。"像石家哥儿们这样的人才是信黄老的太皇太后要汉武帝重用的。

董仲舒希望汉武帝专尊孔子，排斥百家；太皇太后要汉武帝排斥儒家，专尊黄老。这叫汉武帝怎么办？他可有主意。太皇太后不是很老了吗？干吗那么心急呢？还不如在这几年当中先玩玩再说吧。

第十八章 滑稽大王

有一天,汉武帝到灞上去祭祀,回来时路过他姐姐平阳公主家,就进去休息一会儿,聊聊家常。平阳公主是王太后的亲生女儿,汉武帝的亲姐姐,嫁给平阳侯曹寿(曹参的曾孙),所以叫平阳公主。她因为陈皇后多年没有生养,特意挑选了十几个良家女子留在家里,等汉武帝到她家来,让他自己挑选。当时她就叫她们出来伺候汉武帝喝酒。汉武帝看着都很平常,一个也不中意。

平阳公主又召了一班歌女,叫她们弹几个曲子,唱几支歌儿,讨汉武帝的好。这一回汉武帝还真看上了一个歌女,眼睛直盯着她。他问平阳公主:"她叫什么名字?哪儿的人?"公主说:"她叫卫子夫,平阳人。"汉武帝马上叫了一声:"好一个平阳卫子夫！"平阳公主就把她送给汉武帝。

汉武帝带着卫子夫一块儿坐着车马回到宫里。冤家碰到对头，恰巧给陈皇后瞧见了。她竖起眉毛，瞪着眼睛，查问起来。汉武帝有点心虚，连忙说："她是平阳公主家里的丫头，到宫里来当差的。"陈皇后鼻子里哼了一声，生气地走了。汉武帝知道自己由胶东王做了太子，由太子做了皇帝，全是陈皇后的母亲长公主一手提拔的，怎么敢当面得罪陈皇后呢？他把卫子夫安顿一下，马上到陈皇后跟前去赔小心。陈皇后不是好惹的，她气呼呼地叫汉武帝陪伴那个新来的美人儿去，自己要回娘家去了，汉武帝只好答应让卫子夫住在冷宫里，再不跟她相见。

陈皇后一面抓住汉武帝住在中宫（皇后住的地方），一面请医生看病吃药，希望早生贵子。她花了九千万钱，还是白费心。约莫过了一年，汉武帝的皇位坐稳了，他不再像以前那么害怕陈皇后了。他放大胆子，布置了一个院子，把卫子夫接到那儿来住下。没有多少日子，卫子夫有了身孕。这个消息给陈皇后知道了，她又来跟汉武帝争闹。汉武帝理直气壮地责备她不能生男育女。陈皇后气得咬牙切齿，一定要跟卫子夫拼个死活。汉武帝用心保卫着卫子夫，不让陈皇后有下手的机会。自此他干脆不再到中宫去，"金屋"变成了冷宫。

陈皇后自己使不出别的花招来，就去跟她母亲商量。长公主当然要替她女儿打抱不平，可是一时也想不出办法来。后来她听说平阳公主家里有一个看马的奴仆，名叫卫青，是卫子夫的兄弟。她就派人去把卫青抓来，准备杀了他，出口恶气，也好叫卫子夫丢个脸，知道知道她的厉害。

卫青负责给平阳公主看马，他很守本分，又有人缘。他结交了几个朋友，在空闲的时候，请他们教他认字、读书。他很聪明，又肯用功，不到两年工夫，学得已经粗通文字了。想不到正在这个时候，长公主和陈皇后为了跟卫子夫作对，要在他身上出气。

有一天，卫青正在看马，忽然来了几个人把他绑了去。幸亏卫青的几个朋友瞧见了，他们立刻上了马，急急地追上去，把卫青夺了回来。他们把长公主派人来抓卫青的事告诉了平阳公主，平阳公主也火儿了。她向兄弟汉武帝一诉委屈，汉武帝知道这明明就是陈阿娇打击卫子夫。他也要报复一下，就把卫青叫进宫来，当着陈皇后的面重用了他。没有多少日子，汉武帝就封卫子夫为夫人，提升卫青为太中大夫。

汉武帝已经把"金屋"看作冷宫，他还想废了陈皇后。可是他怕得罪太皇太后窦氏（汉武帝的祖母，陈皇后的外祖母），只好暂时把这件事搁在一边。太皇太后见汉武帝对陈皇后这么冷淡，挺不满意。每回见到汉武帝进来问安，老绷着脸骂他没有出息。汉武帝不好反抗，心里可不舒服。他索性跟一班侍奉他的臣下整天地喝酒、作诗、打猎，过着无聊的日子。

为了以后玩着方便，汉武帝吩咐人在十二个地方盖了房子，这样就可以随时随地在外边休息了。有一个会奉承汉武帝的臣下，替他出个主意：把南山和邻近的山林、河道、田地圈起来，叫老百姓全搬出去，原来的民房一概拆去，然后四周砌上围墙，修成一个极大的上林苑。在这里面打猎，那多好玩儿啊。

那一年（公元前138年，建元三年，汉武帝即位第三年）正碰上大水灾，大河（就是黄河）开了口子，平原（就是齐地）的庄稼全都淹了，老百姓饿死的很多。可是汉武帝是个十九岁的青年，国库又挺充足——京师里的钱不知道有多少万，穿钱的绳子烂了，整贯的钱散了，盘都没法盘；粮仓里的粮食一年一年地堆上去，都露到外面来，有的已经霉烂，不能吃了——大水灾和饿死人的惨劲儿压根儿没搁在汉武帝心上，他还是要修他的上林苑。

汉武帝手底下有个臣下叫东方朔，大伙儿都把他当作滑稽大王。东方朔是平原厌次人，从小用功读书，喜欢说笑话，人倒是个正派人。他知道汉武帝爱玩儿的脾气，认为跟汉武帝一本正经地讲道理是没有用的。他就使出他擅长说笑话的才能来，采用滑稽的方式，去说那些正经的道理。人家把东方朔看作滑稽派，东方朔反倒认为滑稽的不是他，而是汉武帝和一班专门讨好的人。

这会儿汉武帝听了那些专会奉承他的臣下的话，要修个极大的上林苑。东方朔在这个紧要关头，不再嬉皮笑脸地逗乐了。他正经八百地说："南山是座宝山，不但出产木料，而且金、银、铜、铁、玉、石都有，工匠靠它供给材料，老百姓全靠它过活。南山一带，土地肥沃，水稻、梨树、栗子树、桑树、麻、竹子、姜、芋头都种在那儿，水里出产很多的鱼、虾。贫穷的人全靠着这些土地和河流养活自己和一家老小。那儿的土地每一亩值一金。现在把南山和邻近的土地一股脑儿圈在上林苑里，对国家来说是个损失，对农民来说是个灾害。这是第一点。为了修上林苑，就得毁坏人家的墓，拆去老百姓的房屋。想想吧，伤心的人有多少，

西汉故事

一一九

啼哭的人有多少。这是第二点。这么大的上林苑，光在四周砌起围墙来，工程已经够大了，哪儿还能够把这些地方都造成一片平阳呢？这里面没有可以跑车马的大道，不但高低不平不能跑马，而且有的是乱石深沟。皇上为了玩儿，冒着翻车的危险，怎么说也不值得。这是第三点。再看看过去的历史吧：殷朝的君王建造九市宫，诸侯叛变；楚灵王建造章华台，楚人离散；秦朝建造阿房宫，天下大乱。我这么随口乱说，违反皇上的心意，真是罪该万死，不过希望皇上能够体察我的一片忠心。"

汉武帝觉得东方朔的话完全正确，把东方朔称赞了一番，提升他为太中大夫，还赏给他一百金。可是滑稽的也就在这儿，汉武帝当时就下令动工，大修上林苑。东方朔觉得又是好气，又是好笑。他知道汉武帝逞能、好胜的脾气，什么事情都不肯认输，大臣们大多只会顺着他，很少有劝告他的。东方朔认为他再不劝告还有谁去劝告呢？这次虽然没成功，可是还升了官职，受了赏赐，可见汉武帝对他还是挺尊重的。东方朔早已说过："古时候的人有逃避人世躲到深山里去的，我就嘻嘻哈哈地躲在朝廷里吧。"

东方朔嘻嘻哈哈地又是唉声叹气地瞧着上林苑建造起来了，瞧着大批的民夫在鞭子底下拆毁自己的房屋，瞧着庄稼地变成了跑马、跑狗的场所。到最后上林苑完了工，就有人作诗、写文章来歌颂汉武帝修建上林苑的伟大事业。其中最叫汉武帝欣赏的一篇文章就是《上林赋》。那篇《上林赋》，谁都说写得好，简直一个字就抵得上一颗珍珠似的，可是在东方朔看来只不过是帮闲文人的无聊玩意儿。

第十九章 飞将军

卫子夫自进宫以来，到汉武帝二十九岁那一年已经十一个年头了。她生了三个女儿，汉武帝可还没有儿子。这一年（公元前128年），卫子夫又要生产了，汉武帝默默地祈求着，希望上天给他一个儿子。果然，卫子夫生了个胖小子，汉武帝这份高兴就不用提了。

满朝文武官员都来祝贺，这个热闹劲儿把匈奴侵犯上谷的事也冲淡了。汉武帝叫文笔特别好的大臣们作诗、写祝文，给婴儿取个名儿叫"据"。卫子夫已经够幸运了，想不到快乐上面又堆上快乐。她的兄弟卫青打了胜仗，立了大功。汉武帝这下就名正言顺地立卫子夫为皇后。

匈奴屡次侵犯边界，头一年打得更凶，一直

打到上谷，杀害了不少老百姓，抢去了许多财物。汉武帝就派了四位将军带领四万兵马，每人一万，分四路去对付匈奴。卫青从正面去救上谷，公孙敖从代郡出发，公孙贺从云中出发，李广从雁门出发。

匈奴的首领军臣单于探听到汉朝派了四位将军分四路打过来，就重新把人马布置了一番。匈奴最怕的是李广。四位将军当中，李广资格最老，本事最大。他是成纪人（成纪，在今甘肃省秦安县北），在汉文帝的时候就做了将军，在汉景帝的时候，跟着周亚夫平定七国内乱，立过大功。汉景帝曾经任命他为上谷太守。他仗着自己有能耐，老冒着危险去跟匈奴作战。汉景帝怕他太鲁莽，白白地丧了命，就调他为上郡太守。他不但做过上谷太守和上郡太守，也做过雁门太守、代郡太守和云中太守。他这么多年一直在北方防御匈奴，在匈奴那边也出了名。

有一次，匈奴进了上郡，汉景帝派了个得宠的大臣跟着李广去打匈奴。那个大臣带着几十个骑兵随便跑跑，越跑离军营越远。他们一眼看见了三个匈奴兵，就追上去想占个便宜。匈奴兵回过头来射了几箭，那个大臣首先中了一箭，拼命地往回逃。半道上，他碰到李广带着一百来个骑兵正在巡逻，就向李广说了个大概。李广是个急性子，马上带着骑兵追过去，一口气追了几十里地。那三个人跑不了啦，他们扔了马，往山上乱逃。李广拿起弓箭，射死了两个，活捉到一个。他把那个匈奴兵拴在马上，准备带回来。他们走了还没有多远，忽然发现在不远的地方有好几千匈奴骑兵。这真太出乎意料了。

匈奴的大队兵马也发现了李广的一百来个人,直纳闷儿:要说是来进攻的,人数实在太少了;要说不是来进攻的,干吗到这儿来呢?匈奴的将领就断定这一小队汉兵准是来引诱他们出去的。他立刻吩咐那几千个骑兵上了山,摆起阵势来,小心谨慎地观察着汉兵的动静。李广手下的一百来个人突然碰到这么多匈奴兵,都吓得不知道该怎么办才好。李广对他们说:"咱们离开大营太远了。要是咱们一逃,他们准追上来,一百来个人马上就完蛋。不能逃!要是咱们上去,他们准怕咱们是去引诱他们的,他们一定不敢来打咱们。大家别慌,慢慢上去吧。"

李广带着这一小队兵马又往前走了二里地。他下了个命令,说:"大家下马,把马鞍子也拿下来,静静地休息一会儿。"那些骑兵说:"匈奴兵马这么多,又这么近,万一他们打过来,怎么办?"李广说:"咱们一走,他们准下来,咱们还是安安静静地在草地上躺一会儿吧。"他们好像没事人儿似的把马也遛开了。匈奴的大军果然不敢下来。

有一个骑白马的匈奴将军带着几个士兵跑了过来,他想走近一点看个明白。李广立刻上了马,也带着十几个人,好像飞似的迎上去,只一箭,就把那个白马将军射倒了。他马上跑回原来的地方,下了马,卸下马鞍子,叫士兵们随便躺着。

山上的匈奴兵看得清清楚楚的,汉兵横七竖八地躺着,没笼头的马甩着尾巴安安静静地在那儿吃草。天黑下来了,汉兵和汉马还是那个样子。快到半夜了,汉兵还在那儿等着。这么一来,匈奴的将领们慌了。他们料定附近准有汉兵埋伏着,半夜里来个

故事里的中国历史

一二四

总攻，那可不是闹着玩儿的。山上的匈奴大军就偷偷地逃回去了。汉营里的将士们根本不知道李广上哪儿去了，他们找也找不到他，哪儿还能去接应呢？直到天亮，匈奴兵不见了，李广才擦着冷汗带着他那一百来个骑兵和那个活捉来的匈奴兵回到了大营。

此后，匈奴在李广手里又吃过几次亏。军臣单于一心想把李广收过来，他下了个命令，说："抓李广，要抓活的，有重赏。"

此时，汉武帝吩咐李广带领一万兵马从雁门出发去打匈奴。军臣单于探听到汉朝四路兵马的情况，他知道这四位将军当中最难对付的是李广。他就把大部分的兵马集中到雁门，沿路布置了埋伏，准备活捉李广。李广打了一阵胜仗，忘乎所以地往前追去。他哪儿知道匈奴是假装打败仗引诱他过去的。这一下李广可倒了霉了，他被匈奴的伏兵活活地逮住。匈奴的将士们高兴得不得了。他们见李广受了伤，就用绳子编成一只吊床模样的筐子，让他躺在上面，吊在两匹马中间，押到大营去邀功。

他们一路走，一路唱着歌。李广在吊床上纹丝儿不动，好像死了似的。大约走了几十里地，他偷偷地瞅见旁边一个匈奴兵骑着一匹好马。李广使劲一挣扎，猛一下子跳上那匹好马，夺过弓箭来，把匈奴兵推下去，他掉转马头，拼命地往回跑。等到匈奴的将士们一齐回过头来追，李广已经跑远了。他一面使劲地夹住马肚子，拼命地逃，一面连着射死了几个跑在最前面的匈奴兵。匈奴的将士们眼瞧着李广越跑越远，只好相互瞪着白眼，没了招儿。

公孙敖那一路的军队被匈奴大杀一阵，死伤七千多人，逃回去了。公孙贺那一路的军队没见到匈奴兵，等了几天，听说雁门、代郡两路兵马打了败仗，不敢一直待在那儿，也只好回去。只有上谷那一路卫青的军队一直到了龙城。匈奴兵大部分都到雁门去了，守在龙城的只有几千人，让卫青占了便宜，打了胜仗，逮住了七百来个匈奴兵，也回来了。

四位将军回到长安，汉武帝听了他们的报告：两路打了败仗，一路白跑一趟，只有卫子夫的兄弟卫青打了胜仗。汉武帝格外赏赐卫青，封他为关内侯。公孙贺总算没损失人马，没有功，也没有过。李广和公孙敖都定了死罪，应当砍头。好在汉朝已经有了一条规矩：罪人可以拿钱来赎罪。他们两个人交了钱，赎了罪，从此做了平民。

李广做了平民，回到老家，打打猎、喝喝酒，倒也逍遥自在。第二年（公元前128年）秋天，匈奴又打进来了，杀了辽西太守，掳去了两千多人。将军韩安国打了败仗，逃到右北平，守在那儿。过了几个月，他死了。汉武帝又起用李广，任命他为右北平太守。李广到了右北平，防守着边界，匈奴不敢进犯。匈奴因李广行动快、箭法好，给他一个外号叫"飞将军"。

右北平一带有老虎，时常出来伤人。李广就经常出去打老虎，老虎碰见他，没有不被射死的。有一天，他回来晚了，天色半明半暗，正是老虎出没的时候。他在山脚下忽然看见草缝里蹲着一只老虎。他连忙拿起弓箭来，使劲地射了过去。凭他百发百中的箭法，当然射中了。他手下的人见他射中了老虎，就跑过去逮。他们走近了一瞧：嗬！中箭的原来不是老虎，是一块大石头。箭进去很深，拔也拔不出来。大伙儿奇怪得不得了。李广过去一看，也有点纳闷儿。他回到原来的地方，又射了一箭。那支箭碰到石头，迸出了火星儿，掉在旁边。他连着又射了两箭，箭头都折了，可都没能射到石头里去。不过，就那么一箭已经够了，大家都说李广的箭能射穿石头。这个消息传开了，匈奴那边更不敢来侵犯右北平了。

匈奴害怕李广，在右北平那边不敢进来，可是在别的边界上，还是总来袭击守在那儿的汉兵。汉武帝就再派卫青去跟匈奴作战。

第二十章 武功爵

公元前 124 年（元朔五年，汉武帝即位第十七年），卫青打败了匈奴，掳来了男女俘虏一万五千多名，匈奴小王就有十几个，还有不少牲口。汉武帝见他打了这么一个大胜仗，就要把他的三个儿子都封为侯。卫青推辞说："这几次打胜仗，全靠皇上的洪福，都是各位将士的功劳。我那三个孩子都还是小娃娃，什么事都没做过。如果皇上封他们为侯，怎么能够鼓励将士们立功呢？三个孩子绝不敢受封。"

汉武帝说："我忘不了将士们的功劳。"他就封了公孙贺、公孙敖等七个将军为侯。卫青更加得到了他手下将军和各方面的拥护与称赞，连他从前的女主人平阳公主，也对他另眼相看。平阳公主早已死了丈夫，这会儿托卫青的姐姐卫皇后做媒，再嫁给卫青。卫青和汉武帝就亲上加亲了。

　　第二年匈奴又来进攻。汉武帝再派卫青率领六位将军和大队人马，去对付匈奴。卫青的外甥霍去病才十八岁，很有能耐，喜爱骑马、射箭，这次也跟着他舅舅卫青一起去打匈奴。

　　卫青调兵遣将，分头去打匈奴。各路兵马打败了敌人，一直追到匈奴地界，向纵深挺进一百多里地。将军赵信原是匈奴的小王，投降汉朝，封了侯。他比别人更熟悉道路，就跟将军苏建带着三千多骑兵，做了先锋。霍去病做了校尉，带领八百名壮士作为一个小队。他是第一次出来打仗，当然不肯落后。还有四位将军，公孙贺、公孙敖、李广、李沮各带着一支兵马分头去找匈奴的军队，立誓要打胜仗。卫青自己守住大营，等候消息。

　　到了晚上，四路兵马都回来了。他们没碰到匈奴的大军，多的杀了几百个小兵，少的杀了几十个，也有一个敌人没找到的，只好回来。赵信、苏建和霍去病他们还没有消息。卫青怕他们出了岔子，连忙派别的将军去接应。

　　又过了一天一夜，还不见赵信他们回来，急得大将军卫青坐立不安。正在着急的时候，将军苏建跑回大营，半死不活地趴在卫青跟前直哭。卫青问他："怎么啦？将军怎么弄成这个样子？"苏建哭着说："我和赵信一直往前行进，突然被匈奴的大军围住了。我们打了一天，人马死伤了一大半。想不到赵信变了心，投降了匈奴。我只好带着几百个人拼着性命冲出来。匈奴不肯罢休，追上来又杀了一阵，就剩下我一个人逃回来请罪。"

当时就有人说:"苏建全军覆没,自己逃了回来,应当砍头。"又有人说:"苏建以少数人对大队敌人,他不肯跟着赵信投降敌人,直到全军覆没,才拼命地逃回来。如果把他杀了,以后将士们万一打了败仗,谁还敢回来呢?"卫青说:"就算苏建有罪,也应当奏明皇上,我不能自作主张。"他就把苏建装上囚车,派人押送到长安去。

卫青派去接应赵信的将士们也都回来了。最后,霍去病才赶到大营。卫青见外甥回来十分高兴,连忙问他打仗的情形。霍去病指手画脚地说了个大概:他带着八百个骑兵往北行进,一路上没见匈奴兵。他们吃了些干粮,继续往前走。一直走了几百里路,远远望见了匈奴的军营,就偷偷地绕道抄过去,趁着匈奴兵没防备的时候,瞅准了一个最大的帐篷,猛一下冲了进去。霍去病眼疾手快,在帐篷里杀了匈奴的一个头儿,他的手下人又活捉了两个。匈奴兵做梦也没想到汉兵会钻到这儿来,他们全无防备。霍去病的八百个勇士一连气杀了两千多个匈奴兵,剩下的逃了个一干二净。

霍去病他们没等匈奴的救兵赶来,就立刻跑回来。路上问了那两个俘虏,才知道一个是单于的叔叔,一个是单于的相国,那个被霍去病杀了的是单于爷爷一辈的大王。卫青听了,觉得幸亏霍去病打了个大胜仗,这次出来总算没吃亏。他就撤兵回去了。

这次出兵,虽然杀了一万多匈奴兵,活捉了单于的相国和叔叔,可是有两路兵马覆没了,赵信也走了。汉武帝认为功过相抵,只有校尉霍去病不能不赏,还有另一个校尉张骞(qiān)也有功劳。

西汉故事

一三一

他就封霍去病为冠军侯，封张骞为博望侯。

张骞曾经作为汉朝的使者到过西域，不料被匈奴逮去，扣留在那边十几年。后来他逃了回来，因为他熟悉匈奴的地势，知道哪儿有水、哪儿有草，这次出兵全靠他带路，人和马才不至于受渴、挨饿。卫青奏明了他的功劳，汉武帝就封他为侯。将军苏建免了死罪，罚做平民。

赵信回到匈奴那儿，匈奴王特别优待他。那时候军臣单于已经死了，他的兄弟伊稚斜轰走了军臣单于的儿子，自己做了单于。伊稚斜单于封赵信为王，还把自己的姐姐嫁给他。

赵信劝单于说："咱们还是休养一个时期再说，现在不必再去进攻中原了。等到汉朝有了困难，汉兵疲劳不堪的时候再打进去，才不会吃亏。"伊稚斜单于听从了赵信的建议，汉朝的边界上暂时平静了一年。

汉朝自从在马邑活捉军臣单于的计划失败以后，十年来差不多每年都要跟匈奴打仗，弄得府库也空了。这时候，汉武帝下了一道诏书，有钱人可以拿钱买爵位。这些钱是作为军费用的，这种爵位就叫"武功爵"。武功爵还有等级，最低一级十七万，以后每加一级，加钱两万。一万个钱等于一金。卖爵位的诏书颁布下去以后，一共收到了三十多万金。不论有本事的没本事的，只要买了什么等级就可以做什么官。

汉朝府库里增加了三十多万金，原来是想作为军费抵御匈奴用的，谁知道匈奴倒没打进来，国内先造起反来了。淮南王刘安和衡山王刘赐谋反，经人告发，很快都失败了。淮南王和衡山王两件案子，死了好几万人。他们的确都有造反的打算和准备，可是并没发兵，也没打仗，怎么会死了这么多人呢？这是因为汉武帝所信任的张汤做了廷尉。他是最出名的酷吏，他的手下差不多也全是酷吏。因此，直接的、间接的，有点嫌疑的、完全受冤屈的，一股脑儿就杀了好几万人。

国内平定了，太子也立了。汉武帝就想起西南方的大事应该及早解决。西南方自从司马相如安抚巴蜀、唐蒙开始筑路去通夜郎以来，因为工程浩大，气候潮湿，民夫死得很多，西南的部族时常发生叛变，发兵去征伐又太浪费。费了这么些年工夫，连条路都没修成。汉武帝为了建筑朔方城，专门对付匈奴，就听了御史大夫公孙弘的话，把西南方的事停下来。汉武帝欣赏博望侯张骞能探险的劲儿，就打算再派他到西域去。

第二十一章 封狼居胥

公元前121年，汉武帝拜霍去病为骠骑将军，率领一万骑兵，从陇西出发去进攻匈奴。霍去病的军队跟匈奴连着打了六天，匈奴抵挡不住，向后直逃。霍去病追上去，追过了焉支山（在今甘肃省山丹县东南）一千多里地。那边还有不少匈奴的属国，像浑邪、休屠等。汉兵到了那边，俘虏了浑邪王的太子和相国，连休屠王祭天的金人（一种神像）也带来了。这回出兵，霍去病又立了大功。

到了夏天，骠骑将军霍去病带着公孙敖和几万骑兵从北地（郡名，治所在今甘肃省庆城县西北）出发，再去进攻匈奴。他们打了个大胜仗，夺取了焉支山和祁连山。匈奴失去了这些地方，非常痛心。他们编了歌，哀伤地唱着：

夺去了我们的祁连山，

叫我们的牲口不繁殖；

夺去了我们的焉支山，

叫我们的姑娘没颜色。

同时，另一队匈奴兵打进代郡和雁门，杀了不少人，抢了不少东西就跑了。汉武帝派博望侯张骞和郎中令李广带着一万四千骑兵去追赶。李广带着四千骑兵做先锋，张骞带着一万骑兵跟在后头，相隔几十里地，前后接应着。匈奴打听到李广仅仅带着四千人马出来，就集合了全部的四万骑兵把李广他们团团围住。四千人被四万人围住，怎么也逃不出来。李广的部下都害怕了，李广吩咐他的小儿子李敢带着几十个骑兵先去试试匈奴的虚实。

李敢他们几十个人好像猛虎扑到狼群里去似的杀开了一条血路，冲破匈奴的队伍，然后突出包围，再杀进来。李敢回到他父亲跟前，说："匈奴人多，可没有能耐，咱们用不着担心！"

李广的士兵就这么都壮起了胆子。李广把他们布置成一个圆阵，每个人都向外站着，抵御着四面八方的敌人。匈奴兵不敢接近，光拿弓箭进攻。李广的军队虽然挺镇静，可是匈奴的箭好像蝗虫似的飞过来，汉兵用了挡箭牌，可还是死了不少人。汉兵也把匈奴兵射死了不少。李广的箭是百发百中的。他专射匈奴的将领，射一个死一个。匈奴兵只好在四面围成圈子，不敢冲过来，也不肯离开。后来李广吩咐士兵们拉着弓，搭上箭，不准随意发射。他们就这么相持了一天一夜。到了第二天，李广的军队正想拼命再打一阵，张骞的大军到了。他们打退了匈奴，救出了李广，收兵回去了。

李广的兵马损失了一大半，但匈奴被他们打死的更多。这样，功过相抵，免罚。张骞耽误了行军的日期，应当定死罪，由他拿出钱来赎罪，做了平民。只有霍去病连着打了胜仗。赵破奴也立了功劳，封为从骠侯（从骠，跟从骠骑将军的意思）。霍去病手下的其他将军也有几个封了侯的。

汉武帝为了慰劳霍去病，要给他盖一座大房子。霍去病推辞，说："匈奴不灭，无以家为。"（匈奴还没消灭，怎么可以为家庭打算呢？）汉武帝更加信任他，几乎可以跟大将军卫青相比了。

卫青、霍去病接连打击着匈奴，那些比较接近汉朝的地方就更苦了。依附于匈奴的浑邪王和休屠王打了败仗已经够惨了，伊稚斜单于还责备他们不够用心，派使者叫他们前去受罚。他们害怕单于，大伙儿商量妥当，准备一块儿去投奔汉朝。刚巧汉朝的将军李息在黄河边上筑城，浑邪王就派使者到李息那儿请求归附。李息向汉武帝报告，汉武帝担心是匈奴的诡计，派霍去病带着军队去迎接他们。

浑邪王派使者去催休屠王带领部下一同进关，休屠王忽然变了卦，说这个说那个，就是不肯动身。浑邪王骑虎难下，就带着兵马突然打进来，杀了休屠王，收了他的属下，一同往汉朝这边来。

霍去病带领兵马渡过河去，接见了浑邪王。投奔汉朝的一共有四万多人，都由霍去病和浑邪王率领着渡过大河到了南边。

汉武帝立浑邪王为漯阴侯（漯 tà，古代水名，为黄河的支流），

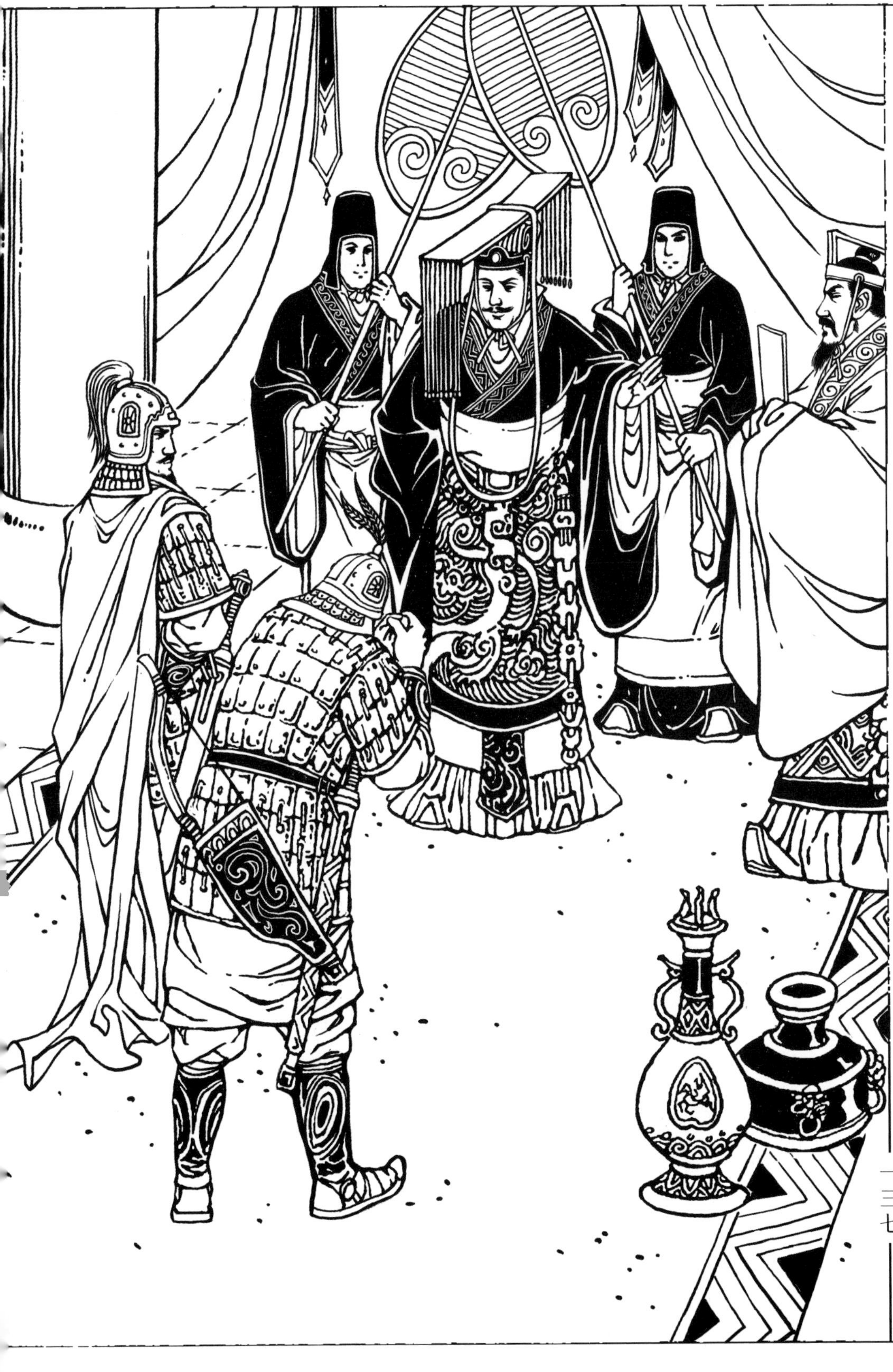

封给他一万户。浑邪王底下的四个小王也都封了侯。另外还赏给他们很多金钱。这四五个头儿封了侯，那四万多的手下人被分别安顿在陇西、北地、上郡、朔方、云中五个郡原来的边塞之外。汉武帝允许他们保留自己的风俗习惯，还可以跟汉人做买卖。这五个属国就称为"五属国"。

从此，从金城（在今甘肃省永靖县西北，黄河北岸）、河西，通到南山，直到盐泽（就是新疆维吾尔自治区的罗布泊，也叫蒲昌海），都没有匈奴的踪影了。原来驻守陇西、北地、上郡的士兵可以减少一半。

休屠王的太子日䃅（mìdī）由浑邪王押到汉朝，被罚做官奴。日䃅才十四岁，整天看马，又勤俭又虚心，谁都喜欢他。后来汉武帝见到了，让他做了侍中，赏给他不少金钱。日䃅的一举一动、一言一语都很得体。汉武帝把他当作自己人看待，还让他在身边伺候，有时候还带着他一块儿出去，让他赶车。左右纷纷议论，说皇上不应该这么信任一个俘虏。汉武帝听到了这些话，反而更加优待他，还赐他姓金。从此，他就叫金日䃅，做了汉武帝的心腹。

浑邪王归附了汉朝以后，汉武帝陆续把关内贫苦的老百姓和囚犯送到西北去开垦土地。第二年（公元前120年，元狩三年，汉武帝即位第二十一年），山东地区（指崤山以东地区）遭了大水灾，老百姓穷得没有吃的。汉武帝下了诏书，吩咐地方官开仓放粮，又向有钱的人家借粮，救济难民。放粮、借粮只能是一时救急，不能老这么下去。汉武帝决定移民，把受水灾的难民送到关西和朔方以南的新秦中（在今内蒙古河套一带）去。这次移民一共有七十多万人，吃的、穿的全由公家供给。移民到了开荒地区，好几年都由公家借粮、借钱给他们。朝廷花了几万万钱，弄得府库又快空了。

汉武帝要大臣们想办法多增加朝廷的收入，并重用桑弘羊等人，让他们管理财政。通过改铸钱币，实行盐、铁、酒专卖，对商人征收重税等方法，朝廷增加了不少收入。有了充足的军饷，汉武帝决定再去进攻匈奴。自从浑邪王归顺汉朝以后，匈奴不敢从西边过来，就改从东边进来。他们来了一万多骑兵，杀了一千多名当地的老百姓，抢了一些财物回去了。

汉武帝派大将军卫青和骠骑将军霍去病各带五万骑兵去追击匈奴。这次汉军出去跟以前大不相同。除了十万骑兵以外，还有几十万步兵和十四万匹驮东西的马。卫青、霍去病分两路进兵，一定要打败匈奴。

卫青自己向北进兵，走了好几天，才找到了匈奴的大营。当时就打起来了，双方死伤了不少人马。到了黄昏时分，伊稚斜单于向西北方逃去，匈奴兵四散逃跑。三天里卫青又追了二百来里地，没追上单于，他们继续往前追，到了寘颜山。那边有个赵信城，里面存着不少粮草。这些粮草，匈奴来不及运走，全落在汉军手里。他们在赵信城一带搜索了一天，没找到匈奴人，又不知道前面的道路，唯恐还有埋伏，只好离开赵信城，回到漠南来了。

霍去病从代郡出发去打匈奴，倒立了功劳。霍去病的大军走了两千多里地，才找到了匈奴的军队。他们连着打了几次胜仗，逮住了单于底下的三个王，还有将军、相国、都尉等一共八十三人。

他们一直到了狼居胥山和姑衍山，还望见了翰海。他们用石头和泥土堆筑祭台，在狼居胥山上举行了祭天的封礼，在姑衍山上举行了祭地的禅礼。这次大战消灭了匈奴八九万人。

匈奴打了这么一个大败仗，不能不认输，单于只好另想办法来对付汉朝。

第二十二章 再通西域

伊稚斜单于收集了散兵败将，索性回到漠北去。从此，漠南不再有匈奴的营地了。赵信劝单于不要再跟汉朝作对，还是讲和好。单于只好派使者到长安来要求和亲。汉武帝召集大臣们商议，有的说和亲好，有的说和亲不好。

有个大臣叫任敞的，他说："匈奴打了败仗，应当叫他们归顺，作为外臣。怎么还提和亲的事呢？"这句话正说到汉武帝的心坎上，他当然不肯把公主嫁给刚打败了的单于。可是不做亲戚也不一定就得变成冤家。因此，汉武帝派任敞为使者跟着匈奴的使者去访问单于。单于虽然打了败仗，但还是很傲慢的，他因为汉朝不答应把公主嫁给他，就把任敞扣下，一直不放他回去。

单于得不到汉朝的公主倒也罢了,没想到西域一带的属国也都动摇了。他们见匈奴失了势,有的准备不再向匈奴进贡。汉武帝趁着这个机会,打算再叫张骞去通西域。张骞献计,说:"匈奴西边有个乌孙国,是受匈奴压制的。最好能多送点礼物给乌孙王,先跟他结交起来。如果他愿意归向朝廷,皇上不妨把以前浑邪王的地盘封给他,然后再跟乌孙和亲,多给他们好处。这等于砍断匈奴的右胳膊。这么一来,乌孙以西的国家,像大宛、康居、大夏、月氏等就容易结交了。"

汉武帝一听到这么多国家都能联合起来对付匈奴,觉得就是多花些钱也值了。公元前119年(元狩四年),汉武帝派张骞和他的几个副手为使者,拿着汉朝的使节,带着三百个勇士,每人两匹马,还有牛、羊一万多头,黄金、钱币、绸缎、布帛等价值几千万的礼物,动身到乌孙去。

张骞到了乌孙,乌孙王出来接见。张骞把一份很厚重的礼物送给他,对他说:"如果大王能够归向汉朝,搬到东边来,汉朝愿意把那边的土地封给大王,还把公主嫁给大王为夫人,两国结为亲戚,共同对付匈奴。这是最好的办法。"

乌孙王一时不能决定。他请张骞暂时休息几天,自己召集大臣们商议商议。大臣们只知道汉朝离乌孙很远,可不知道汉朝的天下到底有多大,汉朝的兵力到底有多强。他们归附匈奴已经很久了,离匈奴又近,大伙儿都害怕匈奴,不敢搬到东边去。可是他们又想得到汉朝的财物。因此,商议了好几天,还是定不下来。

张骞恐怕耽误日子,就派他的副手们拿着使节,带着礼物,分别去联络大宛、康居、月氏、大夏等国家。乌孙王还派了几个翻译帮助他们。这些使者去了好些日子还没回来，乌孙王倒先要打发张骞回去了，他借着送回张骞、报谢汉朝的因头，派了几十个人到汉朝去探看一下。

张骞带着乌孙的使者和几十个随从的人来见汉武帝。汉武帝见了他们，已经很高兴了，又看见乌孙王送给他的几十匹高头大马，喜欢得了不得。汉武帝兴趣广泛，他喜欢司马相如他们的文章，也喜爱西域的好马。他一高兴就格外优待乌孙的使者。

过了一年，张骞病死了。汉武帝失去了这么一个能人，愁眉苦脸地闷了好几天。又过了几年，张骞派出去的那些副手都带着各国的使者陆续回来了。汉武帝觉得张骞的副手们都很不错，各国的使者又都送来了各色各样的礼物，他非常高兴，把张骞的副手们当作贵宾招待着。

这些国家都在哪儿？到底有多远？怎么走的？这些汉武帝都想知道。使者们也说不上西域到底有多少国家。大伙儿把到过的地方一算，就有三十六国。西域南北有大山，中央有河，东西六千多里，南北一千多里。东边跟汉朝的玉门关、阳关相接，西边一直到葱岭。从玉门关、阳关到西域有两条路。从阳关出发，经过楼兰（古西域国名，后改为鄯善，在今新疆维吾尔自治区鄯善县一带）沿南祁连山往西到莎车（古西域国名，在今新疆维吾尔自治区莎车县一带），叫作天山南路。从天山南路翻过葱岭，可以通到大月氏和安息。从玉门关出发，经过车师前王国（车师是古西域国名，分前王国和后王国，前王国在今新疆维吾尔自治

故事里的中国历史

一四四

区吐鲁番市一带），沿北祁连山往西到疏勒（古西域国名，在今新疆维吾尔自治区疏勒县一带），叫作天山北路。从天山北路翻过葱岭，可以通到大宛、康居、奄蔡（在康居西北）。

这些国家一向受着匈奴的压迫，不但年年得向匈奴进贡，而且匈奴还派官员到那边去收税，要牛羊，要奴仆。他们害怕匈奴，只好把自己的财产交给匈奴。这会儿汉朝打败了匈奴，跟这些国家交好，他们不但不必纳税，而且还能够得到好处，当然都很高兴。他们希望汉朝不断地派使者带着礼物到那边去。

乌孙王也只希望得到汉朝的礼物，可不愿意搬到东边来。汉武帝就把原来浑邪王的地盘改为两个郡，一个叫酒泉郡，一个叫武威郡，一年到头有官员和士兵守卫着。这样，匈奴通羌中（羌qiāng）的路也被堵死了。

汉武帝为了抵抗匈奴，不叫西域各国变心，又为了要得到西域的好马和别的特产，他一而再、再而三地派使者分别到这些国家去送礼物。西域三十六国都知道博望侯张骞，说他不但本领大，而且心眼好，真够朋友。因此，在很长一段时间内，派到那边去的使者都不说张骞已经死了。他们每次出去的派头大体上跟当初张骞出去的时候差不多。出使一次，多则几百人，少则一百多人。西域的路上年年都有使者来往。路近的两三年来回一次，路远的八九年来回一次。汉朝和西域的交通就这么建立起来。这对于汉朝和西域各地在经济文化交流上都有好处。比方说，从汉朝运去的货物经过天山南路的主要是丝织品，大伙儿就把那条路称为"丝路"；从天山北路运到东方来的主要是毛皮，所以那条路也叫作"毛皮路"。大宛以西，人们还不知道炼铁和制造铁器，别说是教他们炼铁，就是运点儿铁器去，那边的人就够高兴了。同样，汉朝也从他们那边得到不少东西，尤其是一些水果和蔬菜的新品种。

　　汉朝和西域这么来往着，匈奴当然很不服气。他们休养了一段时期以后，就派骑兵去阻碍交通，抢劫使者带着的礼物。汉武帝除了加紧酒泉郡和武威郡的防御以外，又设立了两个郡，一个叫张掖郡，一个叫敦煌郡。这四个郡都驻扎着军队，随时随地可以打击匈奴，保护着西域的交通。

第二十三章 天下十三州

西南方的滇王仗着自己的几万兵马和附近归附他的部族，不但不听命令，还把汉朝的使者杀了。汉武帝就发兵去征伐。滇王没法抵抗，愿意入朝谢罪。汉武帝就在那边建立了益州郡，正式立原来的滇王为汉朝的滇王，赐他一颗王印。西南方有一百多个部族，只有滇王和夜郎王受封，得到了王印。汉武帝叫这两个王管理当地的人和西南方其余的部族。

东方和西南方很快平定了。北方的匈奴和西北方的许多小国比较难对付。汉武帝借着喜欢大宛"天马"的因头，差不多每年派十几批使者去通大宛。有些商人和无业游民愿意跟着使者去和外国人做些买卖。使者因为路远，道上不好走，还有危险，能够多几个人搭着伴儿去，当然很欢迎。如果路上平安，来回一次，他们就能够赚不少钱。

后来有好些人冒充汉朝的使者，专门去跟西域人做买卖。沿路的几个小国得供给他们吃的，这已经够腻烦的了，这些"大国使者"还特别自大，更叫人瞧着冒火。反正汉朝离得那么远，就是把这些使者揍一顿，也不见得会吃亏。就这样，沿路的几个小国就不准使者吃他们的东西。使者不但没有东西吃，还老挨打、挨抢。

阳关和玉门关外的两个小国楼兰和车师，正在通西域的要道上，他们老抢劫使者的财物，匈奴的骑兵也常到那边去打劫使者。楼兰和车师得到了匈奴的贿赂，当了匈奴的眼线。之后什么时候汉朝的使者到了那边，什么时候匈奴的骑兵接着也就到了。这么一来，大宛的天马怎么也拿不到手。

汉武帝就派赵破奴和王恢为将军，带领七百个骑兵去进攻楼兰和车师。他们打了胜仗，俘虏了楼兰王。楼兰和车师不敢再跟汉朝作对了。汉武帝就把赵破奴和王恢都封为侯，叫他们把大军驻扎在西域，好让乌孙、大宛这些国家不敢小看汉朝。

乌孙王曾派使者跟着张骞到过长安，送上了几十匹马，就因为害怕匈奴，不敢跟汉朝和亲。这会儿汉朝打败了楼兰、车师，还把军队驻扎在外边，他慌忙派使者到长安来，愿意按照当年张骞的话，跟汉朝和亲。汉武帝为了专心对付匈奴，就答应了。乌孙王派使者送了上等好马一千匹作为聘礼来迎亲。汉武帝把江都王刘建的女儿作为公主嫁给他。乌孙王把江都公主立为右夫人。

西汉故事

一四九

单于为了拉拢乌孙王，也把自己的女儿嫁给他，乌孙王立她为左夫人。

江都公主嫁到这么远的地方，丈夫又是个老头儿，言语不通，吃的、穿的、住的都跟中原不一样，心里非常难受。她作了一首歌，流着眼泪，自己哼着：

皇上送我哇，天一方，

嫁给外国哇，乌孙王；

帐篷当屋子呀，毡子当墙；

牛羊肉当饭哪，奶酪就是汤。

想念老家啊，太悲伤！

想变只黄鸟哇，飞回故乡！

汉武帝听到了侄孙女这么悲伤，也挺可怜她。每隔一年，就派使者去安慰安慰她，赐给她许多帐子、绸缎和绣花的衣裳、被子，等等。

乌孙王觉得自己年老，儿子又死了，打算把右夫人江都公主转嫁给他的孙子岑陬(zōu)。按辈分说，一个是祖母，一个是孙子，江都公主死活不依。她上书给汉武帝求他把她领回去。汉武帝一心要联络乌孙共同去打匈奴，就写了个回信，劝江都公主尊重乌孙的风俗。她没有办法，再说乌孙王的孙子年龄跟自己差不多，只好嫁给他了。后来乌孙王得病死了，岑陬继位为乌孙王，称为昆弥（昆弥是王号，不是人名）。

汉武帝东讨西伐、南征北战，广大的农民不得不负担着很高的赋税，还要服一定的军役。各地官吏私自加重赋税，挨户勒索，再加上水灾,大批的农民离开本乡变成了流民。公元前107年(元封四年,汉武帝即位第三十四年),关东流民就有两百万,其中没有户口可查的有四十万。朝廷上的大臣们主张把那些没有户口的人都送到边疆上去。汉武帝把大臣们批评了一顿。他说:"老百姓离开本乡是不法的官吏逼出来的。如果把四十万无罪的人送到边疆上去,这不是叫老百姓更加动荡起来吗?赶快想办法把他们就地安顿下来,帮助他们从事耕种。"这么一来,流民的人数总算没再增加,社会秩序暂时安定下来。

汉武帝连年打仗,又用礼物结交邻近的部族,汉朝的威望越来越高了。他把汉朝的天下,除了京师和邻近京师的一部分以外,划分为十三个州。每个州设立一个刺史,监察地方长官和受封的诸侯王。那十三个州是:冀州、幽州、并州、兖州(兖 yǎn)、徐州、青州、扬州、荆州、豫州、益州、凉州、交州、朔州。

公元前100年(天汉元年,汉武帝即位第四十一年),汉武帝正想出兵去打匈奴,那个被扣留在匈奴的使者路充国和别的使者都回来了。他们向汉武帝报告,说匈奴又要和亲了。

原来儿单于(伊稚斜单于的孙子,乌维单于的儿子)死了,儿单于的儿子太小,大臣们立乌维单于的兄弟为单于。才一年工夫,他也死了。他们就立他的兄弟且鞮侯(且鞮 jūdī)为单于。且鞮侯单于刚即位,汉朝已经打败了大宛。消息传到匈奴,他怕汉朝打进去,就派使者把过去扣留在匈奴的使者都送回来了,还说:"汉朝是匈奴的丈人,我做晚辈的怎么敢得罪长辈呢?"

汉武帝见到路充国他们回来,又听到且鞮侯单于说了这么谦虚的话，不能不信。为了表示对且鞮侯单于的好意，他特意派中郎将苏武拿着使节，送匈奴的使者和以前扣留下的使者回去，还带了许多值钱的礼物去送给单于。苏武奉了命令，带着两个副手张胜和常惠，还有一百多个士兵到匈奴去，沿路跟匈奴的使者们交了朋友。

　　苏武到了匈奴，归还了匈奴的使者，送上了礼物。且鞮侯单于总该满意了吧。哪儿知道他并不是真心要跟汉朝和好，他把汉朝的使者送回只是个缓兵之计。他见汉朝归还了使者，送来了礼物，认为汉朝中了他的计，更加傲慢起来了，他对待苏武也不很讲礼貌。苏武为了两国和好，不便多说话。他只等着单于写了回信，让他回去就是了。想不到就在这个时候，倒霉的事发生了，害得苏武吃尽苦头。

第二十四章 苏武牧羊

苏武到匈奴之前，有个汉朝的使者叫卫律，投降了匈奴。匈奴正需要有个汉人替他们出主意，就格外优待卫律，封他为丁灵王。卫律的副手虞常虽然跟着卫律投降了匈奴，可是心里很不乐意，一直想暗杀卫律，逃回中原去，就因为没有帮手，不敢莽撞。他跟苏武的副手张胜本来是朋友。这次见了张胜，就暗地里对张胜说："听说咱们的皇上恨透了卫律，我准备替朝廷把他射死。我母亲和兄弟都在中原，我不希望别的，只希望立了功，皇上能够照顾我的母亲就是了。"张胜深表同情，愿意帮助他。

谁知道虞常没把卫律射死，自己反倒给逮住了。单于叫卫律审问虞常。到了这个时候，张胜害怕起来。他把虞常跟他说的话全告诉了苏武。苏武急得跟什么似的,说:"要是虞常供出了跟你是同谋,咱们还得去上公堂。堂堂大国的使臣像犯人一样被人家审问,不是给朝廷丢脸吗?还不如早点自杀吧。"说着,他就拔出刀来,向脖子上抹去。张胜和常惠连忙拉住他的手,夺去了刀,才没让他死。

苏武只希望虞常不把张胜供出来就行了。虞常受了各种残酷的刑罚,只承认张胜是他的朋友,他们曾经说过话。卫律把他的供词交给单于,单于召集了大臣们,商议治死汉朝的使者。有一个大臣劝住单于,说:"如果他们谋杀大王,也不过定个死罪。现在还没有这么严重,不如免了他们的罪,叫他们投降。"单于叫卫律去传召苏武他们。

苏武听到卫律叫他投降,就对常惠他们说:"丧失气节、污辱使命,就算活下去,还有什么脸见人呢?"一面说,一面拔出刀来,又向脖子上抹去。卫律慌忙把他抱住,苏武的脖子已经受了重伤。他倒在地上,浑身是血。卫律叫人去请医生。常惠他们哭得不成样子。等到医生到来,苏武还没醒过来。

匈奴的医生叫人刨了个地坑,地坑里烧着煴火(微微的、没有火焰的火;煴 yūn),铺上木板,把苏武放在上面。医生用脚踩他的脊梁,让他的伤口出血。就这么踩了半天,苏武才苏醒过来。然后医生给他涂上药膏,扎住伤口,让人把他抬到营房里去。此时那个愿意帮助虞常的张胜已经被关在监狱里了。

单于十分钦佩苏武,早晚都派人去问候,一直等到他痊愈了,才叫卫律想办法去劝他投降。卫律奉了单于的命令请苏武到公堂上坐下，让苏武好像旁听似的听他审问虞常和张胜的案子。

虞常态度强硬，他对卫律说："要杀就杀，要剐就剐，我可不愿意跟你这个汉奸多说话。"卫律宣告虞常死罪，当场就把他杀了。

卫律对张胜说："你是汉朝的使臣，不应该跟虞常同谋暗杀单于的大臣，你也有死罪。可是单于有个命令，投降的可以免罪。你如果说个'不'字，我就砍了你的脑袋！"说着，他就拿起刀来。张胜贪生怕死，投降了。

卫律回过头来对苏武说："您的副手犯了死罪，您也得连坐。"苏武说："我既不是同谋，又不是他的亲属，为什么要连坐？"卫律又拿起刀来，没想到苏武脖子一挺，不动声色地等着。这一挺，反倒叫卫律的手缩回去了。他说："苏先生，您听我说。我也是不得已才投降匈奴的。多蒙单于大恩，封我为王，给我几万个手下人和满山的马群。您瞧多么富贵呀。苏先生今天投降，明天就跟我一样。何必这么固执，白白地丧了命？尸首扔在草野里，有谁知道呢？"

苏武不回答他。卫律又说："先生听我劝告，我就跟先生结为兄弟。要不然，恐怕您不能再跟我见面了。"

苏武再也忍不住了，他站起来，用手指头指着卫律，骂着说："卫律！你是汉人的儿子，做了汉朝的臣下，却忘恩负义背叛朝廷，背叛父母，厚颜无耻投降了敌人，做了汉奸，亏你还有脸跟我说这些话！再说，单于信任你，叫你审案子，决定他人的生死。你非但不能平心静气地主持公道，反倒挑拨离间，引起两国的争端，你安的是什么心！你也不想想：南越杀了汉朝的使者，被汉朝灭了，改成了九个郡；大宛王杀了汉朝的使者，自己的脑袋被人送到长安去了。难道你也要叫单于学他们那样吗？你明明知道我是绝不会投降的，怎么逼我也没有用。我并不怕死，可是匈奴要是闯了祸，我看你也逃不了。"

苏武理直气壮责备了卫律，连卫律也红了脸，只好去向单于报告。单于称赞了苏武，更加想要让苏武投降了。单于想叫苏武屈服，于是把他下了地窖，不给他吃的、喝的。这个办法可真毒辣，两三天饿下来就叫苏武受不了了。没有吃的已经够受的了，想不到还没有喝的，简直连气都喘不过来。苏武不怕死，可是事情已经到了这步田地，他要争取活着坚持正义。正好天下大雪，破破烂烂的地窖里也全是雪，他就大口地吃。嘴倒是不渴了，可肚子还是饿的。无奈之下他把扔在地窖里的破旧皮带、羊皮片什么的都啃着吃下去。这样，他又熬过了几天。

匈奴见苏武还活着，只好把他放出来。单于要封他为王，他可不干。末了，单于把他充军到北海（就是现在的贝加尔湖），叫他在那边放羊。那个副手常惠也像苏武一样不肯投降，单于罚他做苦工，故意不让他跟苏武在一块儿。

苏武到了北海，口粮不够，他就挖野菜，逮野鼠，作为补充。吃的、喝的，是冷是热，他都不在乎，最叫他念念不忘的是他没有完成使者的使命。他永远拿着汉朝的使节，始终还是个汉朝的使者。现在他什么都没有了，跟他同生共死的就剩下这根使节了。他从这根使节上得到了安慰。他从每一节的穗子上瞧见了他白头

西汉故事

一五七

发的母亲，瞧见了他长着胡子的皇上，瞧见了中原的麦穗，瞧见了他所热爱的整个国家。他拿着使节放羊，抱着使节睡觉，他还想着总有一天能够拿着使节回去。

一年一年地过去了，苏武一直在北海放羊。他不知道汉朝有没有再派使者来，也不知道汉武帝怎么样了。

第二十五章 尧母门

汉武帝因为连年用兵,就多收捐税,常派军役;为了不让百姓逃捐税、逃军役,他就加重刑罚,任用酷吏。苛捐、杂税、严刑、酷吏逼得老百姓走投无路,只好成群结队地起来反抗官府。齐、楚、燕、赵和南阳等地闹得很凶。有的几百人一伙,有的几千人一队,常常打下城邑,夺取兵库里的兵器,冲进监狱放走囚犯。他们抓住了郡里的太守或者都尉,不是把他们绑上示众,就是把他们杀了。俸禄在两千石一级的酷吏,被杀的至少有一百多个,有钱有势的人家挨抢挨杀的那就更多了。

汉武帝派大臣穿着绣花的衣服、拿着节杖发兵去围剿。这种残杀老百姓的大官有个挺好听的头衔,叫"绣衣使者"。绣衣使者一到,因为带来的兵马多,杀人就杀得更凶,一个郡里上万的人被杀是常见的事。可是"剿匪"剿了几年,不但没把"土匪"消灭,而且越杀越多,越剿越找不到他们了。他们占领了山头或者别的险要的地方,继续抵抗官兵。有的跟干活的老百姓在一起,白天种地,黑夜出来打击官兵,弄得绣衣使者也无可奈何。

汉武帝想出了一条新法律,叫"沉命法"("沉命",就是没有性命的意思):凡是两千石以下的地方官不能发觉"土匪"的或者发觉了不能消灭他们的,都有死罪。这么一来,两千石以下的地方官和地方官手底下的那些人为了保全自己的性命,只好睁一只眼闭一只眼地对待"土匪",谁也不敢再往上报告了。

有一个绣衣使者叫暴胜之(暴,姓;胜之,名),他对两千石以下的官吏专会挑眼,总说他们不用心剿匪,动不动就依照"沉命法"把这一级的官吏处死。沿路的州、郡听到他来了,谁都害怕。不过,绣衣使者当中最恶毒的要数大胖子江充。

大胖子江充是赵国人,原来是赵王的门客。他得罪了赵太子,逃到长安却反咬一口,说赵太子怎么怎么不好。汉武帝见他长得个儿大、眼睛深,认为他一定有魄力,办事一定精明,就把他留下,还挺重用他。江充拍马屁的功夫是数一数二的,没有多少日子他就当上了绣衣使者。汉武帝叫他去督察皇亲国戚和文武大臣。江充就在贵戚和大臣当中检查开了。他把贵戚子弟的毛病检举出来,吓唬他们,说要罚他们到北方去打匈奴,要不然,就得拿钱来赎罪。那些被检举的人都愿意拿钱来赎罪。汉武帝正需要军费,最近才开始征收酒捐，现在既然能够收到大批的赎罪费，那自然是最好不过的了，所以他都批准了。他还说江充忠实可靠，是个铁面无私的大臣。

有一天，江充跟着汉武帝上甘泉宫去，路上看见太子刘据的手下人坐着车马过来，他就上前喝住，把车马扣留了。依照那时候的规矩，皇上出来的时候，除了随从以外，路上不准别的人走动。如果有车马走这条路的，就把车马没收。太子一听到这个消息，马上派人去向江充求情，说："车马可以没收，不过请江君原谅，千万别让皇上知道这件事，免得皇上说我不好好管教手下人。"江充可不答应，还特地上了个奏章指责太子的不是。汉武帝把江充夸奖了一番，说："做大臣的理应这样。"又把他升了官职。这一来，江充的威风震动了京城。

江充怎么敢得罪太子呢？他难道不想想将来太子即位做了皇帝，他可怎么办呢？江充要是想不到这一层，他也就不是江充了。他敢得罪太子，这里面当然有原因。

原来汉武帝又爱上了一个美人儿，汉武帝给她一个封号叫"钩弋夫人"（弋 yì）。公元前94年（太始三年，汉武帝即位第四十七年），汉武帝已经六十四岁了，钩弋夫人生了个儿子，起名叫弗陵。据说，钩弋夫人怀胎十四个月才把弗陵生下来。

汉武帝认为这个儿子将来准了不起。他说："听说从前帝尧（古代中国最理想的帝王）是十四个月生的，现在我这个儿子也是十四个月生的，可见钩弋夫人也比得上帝尧的母亲了。"他就把钩弋夫人住的那座钩弋宫的大门叫"尧母门"。那些专门看着

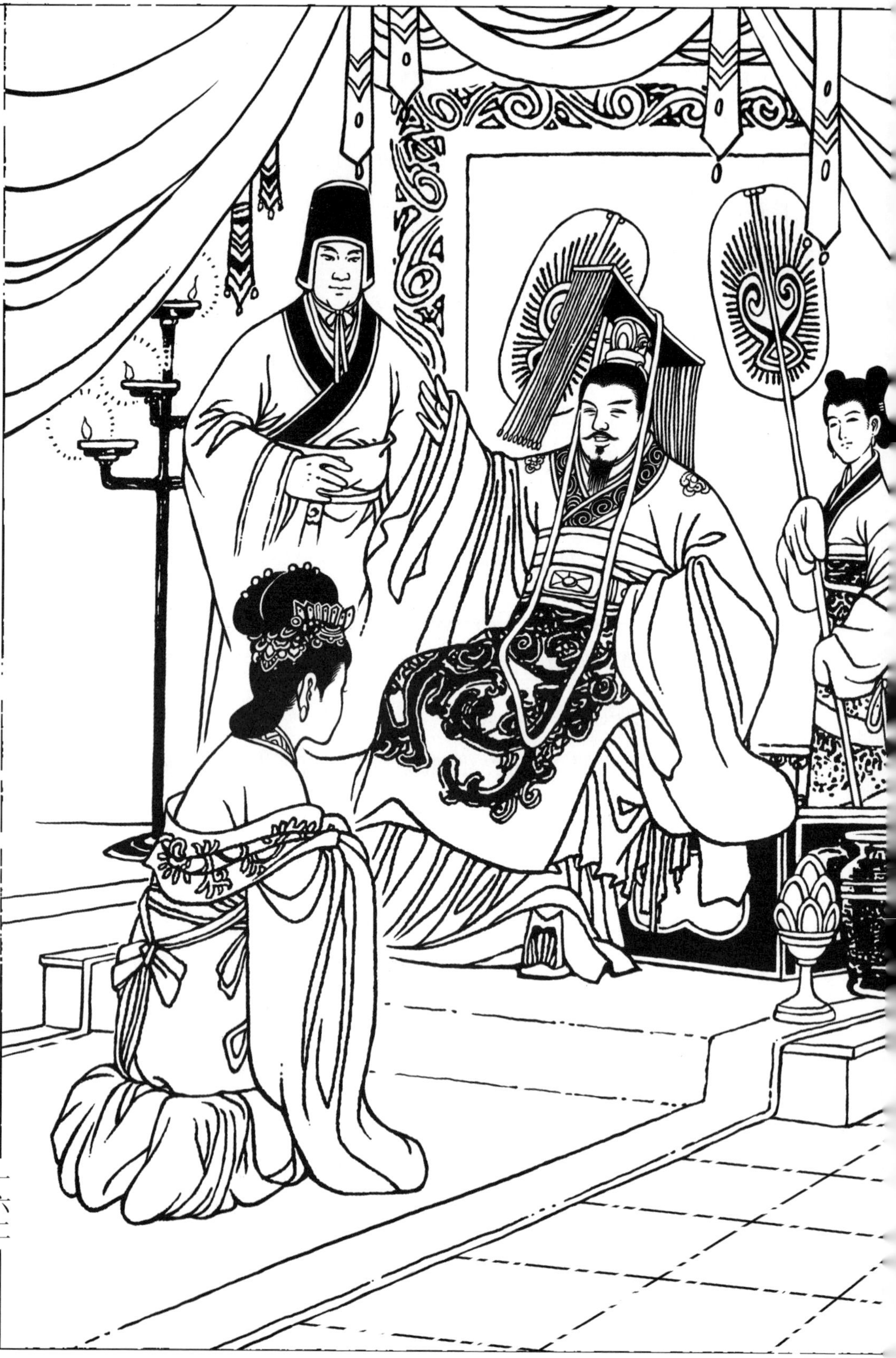

汉武帝的心思做事的人脑子多灵光啊。他们见了尧母门，就知道这里面住的是当今帝尧的母亲了，她的儿子弗陵还不是将来的皇帝吗？现在的太子早晚得废掉，江充当然用不着害怕太子了。

不但江充跟太子作对，还有一些大臣也跟太子合不到一块儿去，就是那些同汉武帝一样主张加重刑罚、主张连年用兵的大臣。太子是汉武帝第一个儿子，他母亲卫子夫又是当年最得宠的人，汉武帝当然非常喜爱他。太子长大了，心眼好，性情温和，做事小心谨慎，跟汉武帝大刀阔斧的脾气不一样，再说卫皇后也不如以前那么年轻漂亮了，汉武帝就不怎么看重太子了。再加上汉武帝宠爱的几个夫人都生了儿子，哪一个皇子不能做太子呢？因此，卫皇后和太子并不安心。

汉武帝也看出来了，可是他怕卫皇后的兄弟大将军卫青不乐意，曾经对卫青说过："汉朝的内政潦潦草草地才有个头绪，四面的部族又不断地向中原侵犯。我如果不改变制度，后世没有个规范；我如果不出兵征伐，天下不得安定。要改革制度，要出兵征伐，就不能不多费些人力、财力。如果我的后代也像我这么干的话，那准会像秦朝一样，跟着就要亡国。太子为人稳重，好静不好动，一定能够安抚天下，这是用不着我担心的。要找一个能够安抚天下、提倡文教的君主，哪儿还有比太子更好的呢？听说皇后和太子都有点不安心，真是这样的吗？还是你替我好好安慰安慰他们吧。"

大将军卫青听了汉武帝这一番话，磕头谢恩。卫皇后听了这一番话，就摘下首饰来向汉武帝请罪。汉武帝又安慰了她一番。

太子每次请汉武帝不要去征伐周围的部族，汉武帝总是笑着对他说："劳苦的事情让我来干，将来你好安安生生地治理天下。这不是很好吗？"话虽如此，但终究因为爷儿俩脾气不同，大臣们也就分成了两派。汉武帝任用酷吏，加重刑罚；太子为人厚道，处处宽大。他时常请汉武帝任用忠厚的大臣，减轻刑罚。因此，老百姓和忠厚的大臣都拥护太子，那班专门加重刑罚的大臣怕太子将来对他们不利，都说他的坏话。后来大将军卫青死了，卫皇后没有了势力，有些大臣认为太子已经没有撑腰的人了，就千方百计地找他的过错。汉武帝和自己的儿子平时本来就疏远，卫皇后更是难得跟他见面，这些人就有了钻空子的机会。

有一天，太子去拜见皇后，好半天才出来。江充的心腹黄门苏文（黄门，管宫门的内侍）贼头贼脑地向汉武帝咬着耳朵，说："太子一天到晚在后宫调戏宫女。"汉武帝没说什么，只是给太子加了好多宫女。后来太子知道了原来是苏文在汉武帝面前造谣，心里不免恨他。苏文又跟小黄门常融他们在汉武帝跟前老说太子的坏话。卫皇后知道了，咬牙切齿地痛恨他们。她嘱咐太子去向汉武帝辩解一下，说说自己的委屈，请他惩办奸臣。太子说："只要自己不错，何必怕他们呢？皇上多么聪明能干，他是不会相信奸臣的。"

又有一次，汉武帝有点不舒服。他吩咐小黄门常融去召太子进来。常融跟苏文先碰了个头，才去请太子。他先跑一步回来告诉汉武帝，说："太子听说皇上病了，他脸上就喜气洋洋的。"汉武帝叹了一口气。随后太子进来问安。汉武帝一瞧，他脸上还留着眼泪的印儿，可他故意做出笑脸来跟汉武帝说话。汉武帝看出了太子的真心，追问太子，才知道原来是常融在他面前捣的鬼。于是没二话，他当场就把常融宰了。

苏文想要陷害太子不成，反倒断送了一个帮手，又是恨又是怕。他赶忙跑去告诉江充。江充闭着眼睛、晃着大脑袋琢磨了半天，还真给他想出了一个害死太子的鬼主意。

第二十六章 挖掘木头人

大胖子江充趁汉武帝身子不舒服，请他搬到甘泉宫去养病。这时候汉武帝已经六十七岁了，他正想清清静静地休养几天，就听了江充的话，暂时住在甘泉宫。

近来他老觉得心神不安，好像暗地里有人要谋害他似的。他知道齐、楚、燕、赵和南阳等地都有大批的农民起来反抗官府。要不是闹到这步田地，也用不着派绣衣使者带着兵马到各处去镇压了。连长安城里也有不少咒骂皇帝的人。汉武帝住在建章宫的时候，曾经看见一个男人带着宝剑溜进中龙华门来行刺，当即就吩咐左右去抓。可是哪儿有刺客的影儿？这可把汉武帝气坏了。他首先把管宫门的人杀了，再吩咐京城里的骑士搜查上林苑。接着，下了命令，关上城门，挨家挨户地去搜查。整个长安城搜查了十一天，闹得满城风雨，末了也没抓到刺客。

长安城里没查到刺客，可是查出了无数的方士和巫婆。这些人利用迷信骗人钱财。他们教人们把木头人埋在地下，由他们画符、念咒、做法事。据说，这么一来，就可以叫冤家遭殃，自己得福。有门路的巫婆往来宫中，教美人、宫女们也这么干起来。那些怨恨皇上的，就在屋子里埋下木头人，一面祭祀，一面咒骂。汉武帝也曾经听到过用木头人迷魂的把戏，可是因为自己相信方士，不断地叫他们去求神仙，就一直没去追究。这会儿他明明看见了一个带剑的男人，怎么忽然会无影无踪呢？他疑神疑鬼，就疑心到木头人能迷魂这上头去了。

正在这个时候，有人告发丞相公孙贺（卫皇后的姐夫）的儿子公孙敬声跟汉武帝的女儿阳石公主私通，还埋了木头人咒骂皇上。汉武帝一想：那个忽然不见的带剑的男人可能就是木头人变出来的。他立刻吩咐廷尉杜周审查这件案子。

杜周猜透了汉武帝的心思，知道公孙贺凭借自己是卫皇后的姐夫，才步步高升当上了丞相，现在也正是由于这个原因，对住在尧母门里的钩弋夫人是不利的。杜周就把公孙贺和他儿子公孙敬声定了死罪，全家灭门。过了三四个月，卫皇后的亲生女儿诸邑公主、卫皇后的内侄卫伉（大将军卫青的儿子；伉 kàng），还有那个跟卫皇后的外甥公孙敬声要好的阳石公主，都被认定拿了木头人去迷魂、咒骂皇上，都被定了死罪，汉武帝一一批准。不料木头人的案子越闹越大，连累了许多后宫美人和朝廷大臣。汉武帝火上加火，一下子就杀了好几百人。

木头人不过是个骗人的玩意儿，何必屠杀这么多的人呢？要是木头人的确灵验，它们不会向汉武帝报仇吗？汉武帝既然相信方士，相信神仙，他当然也相信木头人能害人，所以他总不舒服，觉得头昏脑涨，精神恍惚。有一天，吃过午饭，他想好好地睡一个午觉，忽然来了几千个木头人，个个拿着棍棒，一窝蜂似的向汉武帝没头没脑地打来。汉武帝大叫一声，醒了，原来是个噩梦。可他脑袋疼得厉害，心里直跳。从那天起，他就病了。

江充趁着这个机会，请汉武帝搬到甘泉宫去。江充跟太子和卫皇后作对，现在他见年老的汉武帝病了，万一死了，自己落在太子手里，那可不是闹着玩儿的。他就对汉武帝说："皇上的病完全是由于木头人引起来的。这批咒骂皇上的人犯了大逆不道的罪，实在可杀。"

汉武帝就叫江充再去查办这些"大逆不道"的人。江充带着几个"眼睛能看得见鬼"的人到文武百官和老百姓家里去挖掘埋在地里的木头人。真埋着木头人、咒骂皇上的人定了死罪，不必说了。那些家里并没有木头人，也没咒骂过皇上的人，只要江充说他们"大逆不道"，他们家里也就能够刨出木头人来。如果有人说，那木头人是江充手下的人在刨地的时候放进去的，那么只要江充吆喝一声，手下的人就用烧红的铁钳烙那人的身子，直到他招供为止。做官的和老百姓这么死在江充手里的就有好几万。木头人的案子是皇上命令江充查办的，谁还能跟皇上打官司呢？

江充的心腹叫檀何。他吹牛说自己能够望气观凶，也是汉武

西汉故事

帝信任的人。他对汉武帝说："我在外面就瞧见宫里有鬼气。那里面准埋着不少木头人。如果宫里的鬼气不消除的话，唉，皇上的病是没法好的。"汉武帝就给江充一道诏书，吩咐他带着方士檀何、将军韩说、御史章赣、黄门苏文等到宫里去搜查木头人。

江充拿着诏书，率领檀何、韩说、章赣、苏文等到了宫里，到处挖掘。别的地方掘出来的木头人有限，只有卫皇后和太子的两个宫里特别多。太子宫里不但刨出了许许多多木头人，而且还有一条布帛，上面写着咒骂皇上的话。江充搜了出来，说要向皇上去禀报。

太子并没埋过木头人，那帛书也是无中生有的东西。他凭空受了委屈，怎么能不害怕呢？他连忙跟他的老师石德（石庆的儿子，万石君石奋的孙子）商量办法。石德说："贺丞相父子、两位公主和卫伉他们都是这么定了死罪的，他们有冤没处诉。现在江充他们又拿木头人来陷害太子，简直没法辩解。还不如把江充逮了来，追查他的罪行，再作打算。"

太子愣了一下，说："这怎么行呢？江充是奉了诏书来的，我怎么能够逮他呢？"石德说："现在皇上有病，住在甘泉宫，皇后和太子派人去问病，也不给通报。究竟皇上是生是死，不得而知。奸臣当权，闹到这步田地，难道太子不想想秦朝扶苏的事吗？"太子说："我做儿子的怎么可以独断独行地杀害皇上的大臣呢？我还是拼条性命上甘泉宫去恳求皇上吧。"

太子不听石德的劝告，就要离开。想不到江充打发人来叫太子去见他，还催得很紧。太子被逼得走投无路，只好听从石德的话，派武士们冒充使者去捉拿这批奸臣。江充没防到太子有这一招，当时就被捉住，檀何也被绑上。将军韩说自认为有武艺，就跟武士们打起来。毕竟双拳抵不过四手，他受了重伤很快死了。苏文和章赣趁乱逃到甘泉宫去了。

　　武士们把江充和檀何捉到东宫去见太子。太子见了江充，气得眼睛里冒出火来，指着他骂："奸贼！你扰乱了赵国，害了赵太子还不够，这会儿又来害我们父子吗？"江充耷拉着大脑袋，咧着嘴，直打哆嗦。太子一声令下，武士们就把江充砍了。那个专门望气观凶的家伙檀何，被一直拖到上林苑，用火给烧死了。

　　太子担心江充的党徒和御史章赣、黄门苏文他们带着兵马来进攻东宫，就打发自己的心腹连夜去通报皇后，调用皇后所有的车马，装运武库里的兵器和长乐宫的卫士。卫士到了，兵器有了，太子就吩咐武士们和卫士们守住宫门。

　　苏文和章赣逃到甘泉宫，向汉武帝报告了经过，说太子造反。汉武帝说："那一定是因为太子害怕了，又因为痛恨江充他们才出了事，我叫他过来问一问就知道了。"他派内侍去召太子来。那个内侍出去的时候，苏文向他递个眼色，好像打个冷战似的摇了摇脑袋。那个内侍已经明白了七八分。再说他怕太子也像对待苏文那样对待他，更不敢去见太子了。这样，他在外边躲了一会儿，回来报告，说："太子已经造反了！他不肯来，还要杀我。我只好逃回来了。"

　　汉武帝这才真冒了火儿。他下了道诏书，吩咐丞相刘屈氂（lí）派兵去捉拿太子，有谁能拿住太子的有重赏，活的、死的都行。

刘屈氂一听到太子造反，慌慌忙忙地逃出来，连丞相的大印也丢了。这会儿接到了汉武帝的诏书，才传出命令，把京城和邻近县邑里的将士都召集起来，进攻东宫。太子派使者假传皇上的命令，把长安城里所有的囚犯都放出来，由石德和门客张光率领着抵抗丞相的兵马，并且宣布说："皇上病重，奸臣作乱。"弄得文武百官不知道到底谁是谁非，城里乱成一锅粥。混战了四五天，双方都死伤了几万人，还分不出谁胜谁败来。

汉武帝带病回到建章宫，大臣们这才知道是太子造反，都出来帮助丞相。人们听说是太子造反，不再帮助他了。这么一来，丞相手下的人越打越多，太子手下的人越打越少。石德和张光先后被杀。太子打了败仗，带着两个儿子往南门逃去。守南门的田仁是个两千石的官员，他不愿意杀害太子，就把太子和太子的两个儿子都放走了。

刘屈氂追到城门边，查出田仁放走了太子，当时就要把他杀头。御史大夫暴胜之也跟刘屈氂在一块儿。他赶紧拦住，说："田仁是两千石的大臣，要杀也得奏明皇上。"刘屈氂只好把田仁拿下，自己去报告汉武帝。汉武帝正在气头上，不但不体谅田仁的好意，还责备暴胜之不该袒护田仁，把他也下了监狱。暴胜之知道再活下去只会更倒霉，就自杀了。

汉武帝又派人去接收卫皇后的印。卫皇后想起这一辈子的遭遇，觉得做了皇后还不如做个"平阳歌女卫子夫"呢！她哭了一场，上吊死了。汉武帝还是很生气。他下了命令，捉拿太子。大臣们谁也不敢劝阻。难道天下就没有一个敢说实话的人吗？

第二十七章 轮台悔过

壶关（县名，属上党郡）有个掌管教化的乡官，名叫令狐茂（令狐，姓；茂，名）。他上书给汉武帝，说："太子素来忠厚、稳重，顺从皇上，他绝没有恶意。那江充是个奸臣。他先前害了赵太子，天下人都知道赵太子的冤屈。这次太子被他逼得无路可走，为了保护自己才出了事。皇上被奸臣蒙蔽，发大兵去捉拿他。大臣们谁都不敢替他说话，我真觉得痛心！希望皇上开开恩，不要专看太子的不是，快点收兵，别让太子躲在外边。我是出于一片忠心，才敢冒着死罪来劝告皇上的。"

汉武帝看了令狐茂的奏章，心平气和地想了想：太子究竟是自己的儿子，一向不错，江充怎么能跟他比呢？汉武帝也有点后悔了。可是他一下子还下不了台阶，没能直截了当地免了太子的罪。

太子逃到湖县（在今河南省灵宝市），躲在泉鸠里一个老百姓的家里。主人很穷，是靠卖草鞋过日子的，现在要供养太子和他两个儿子，生活就更维持不了啦。太子有个有钱的朋友在湖县，太子打发人去请他帮助。朋友没有找到，风声倒走漏出去了。

新安令史李寿和山阳男子张富昌为了得到重赏，连夜带人到泉鸠里去捉拿太子。小小的几间民房被李寿他们围住。太子没法逃出去，只好上吊自杀。主人家和在太子身边的两个儿子还想拦住李寿和张富昌，都被他们打死。

李寿飞快地上了奏章报功。汉武帝有言在先，只好把李寿和张富昌都封了侯。可是背地里有人骂他们这"侯"是断子绝孙的"猴儿"。汉武帝也觉得自己有点傻，杀了自己的儿子和孙子的反倒封了侯，怎么说得过去呢？他开始调查挖掘木头人那件事。

从各方面调查下来，才知道卫皇后和太子宫里压根儿就没埋过什么木头人。原来都是大胖子江充他们捣的鬼。汉武帝正在懊悔自己不该这么冒冒失失地杀害子孙的时候，有个管理汉高祖庙堂的官员叫田千秋，上了一个奏章替太子申冤，说："儿子玩弄父亲的刀兵，应当受责打；天的儿子错杀了人，该怎么定罪？这是我做梦的时候一位白头发老爷爷教我这么说的。"

汉武帝完全明白过来了。他召见了田千秋。一见田千秋身高八尺，相貌堂堂，汉武帝已经很喜欢了，又听他说到太子所受的冤枉，真是一个字一滴泪，更加受感动。汉武帝对他说："父子之间，别人很难说话。你能够说得这么简单明了，这准是高帝庙里的神灵叫你来教导我的。请你做我的助手吧。"他拜田千秋为大鸿胪（管典礼的大官）。又下了命令，把江充一家灭了门，把苏文绑在渭桥上活活地烧死。杀害太子的李寿和张富昌已经封了侯不便治罪，就叫他们到北地去对付匈奴。

匈奴在公元前90年（征和三年，汉武帝即位第五十一年），又打到五原和酒泉来了。汉武帝派李广利带领七万兵马从五原出发，另外派马通带领四万兵马从酒泉出发，派商丘成带领两万兵马从西河出发，去对付匈奴。李广利动身的时候，丞相刘屈氂送他到了渭桥。两个人趁着这个机会偷偷地约定了一件大事。

原来汉武帝生了六个儿子，除了太子刘据以外，还有齐王刘闳、燕王刘旦、广陵王刘胥、昌邑王刘髆（bó）、钩弋夫人的儿子弗陵。燕王刘旦是汉武帝第三个儿子，上头两个哥哥都死了，挨次序说来，他应该有希望做太子。他上书请求到宫里来伺候皇上。这分明是探听汉武帝的心意。汉武帝不答应。广陵王刘胥言行举止不合规矩，不是太子的人选，那么第五个儿子昌邑王刘髆也有了希望了。昌邑王刘髆是贰师将军李广利的妹妹李夫人生的。李广利的女儿是丞相刘屈氂的儿媳妇。两亲家为了儿女的富贵和自己的势力，就在渭桥约定立昌邑王刘髆做太子。

李广利、马通、商丘成三路兵马到了匈奴，开头倒还顺利。后来马通到了天山，追不上匈奴兵，就回来了。商丘成碰到了匈奴的大将李陵，占不到便宜，也回来了。只有李广利还没回来。汉武帝正挂念着他，忽然有人告发他和丞相刘屈氂订了密约，要立昌邑王为太子，丞相夫人还祈神祷鬼地咒骂皇上。汉武帝大怒，把丞相刘屈氂交给廷尉去审问。审问下来，断定他犯的是大逆不道的死罪。结果，丞相刘屈氂被腰斩，丞相夫人被砍了头，李广利的妻子也被下了监狱。

李广利家里的人火速到前方去报告。李广利听到了这个消息，吓得脑袋嗡的一声，浑身直发冷。有人对他说："如果将军能够打个大胜仗，还有将功折罪的希望。要不然，匆匆忙忙地回去，恐怕凶多吉少。"李广利只好硬着头皮，再往北打过去。千不恨、万不恨，只恨自己太没有能耐，他打了败仗，被匈奴兵马团团围住。他早已有了主意，下了马，趴在地下，投降了匈奴。狐鹿姑单于（且鞮侯的儿子）知道他是汉朝的红人，特别优待他。

狐鹿姑单于降伏了李广利以后，对汉朝更加傲慢了。他写了一封信，派使者来见汉武帝。那信上说："南边有大汉，北边有强胡。强胡是天之骄子，不愿意为了一些小礼节麻烦自己。现在我干脆对你说个明白：大开关口，让匈奴出入方便，我们还要娶汉人的女子为妻子；你们还得每年给我上等好酒一万石，粟米五千斛，各种绸缎布帛一万匹；还有别的东西照以前的规矩送来。这样，我们就不再到边界上来抢掠了。"

汉武帝先派使者送匈奴的使者回去，暂时和好。

狐鹿姑单于因为李广利原是汉朝的大将，又是个皇亲国戚，对待他在卫律之上，这可把卫律气坏了。刚巧单于的母亲病了，卫律买通了神婆，嘱咐她去谋害李广利。神婆对单于说："太夫人的病是不容易好了。过世的单于已经发了脾气，他说：'这个南蛮子贰师三番五次地侵犯咱们，你怎么还这么优待他？以前我出兵的时候就说过，一旦逮住了贰师，一定要把他宰了，祭祀天地。你为什么不拿他来祭祀呢？'"狐鹿姑单于就把李广利杀了作为祭物。

汉武帝因为李广利投降了匈奴，把李家灭了门。汉武帝痛恨江充、刘屈氂、李广利他们，痛恨自己杀了太子。他越想越后悔，就在湖县盖了一座宫殿，叫"思子宫"，又造了一个高台，叫"归来望思台"。他还真住在思子宫里想念着太子，上了高台，东瞧瞧、西望望，希望太子回来。天下的人听到这位年老的皇帝这会儿这么想念着太子，又是恨他，又是替他心酸。

汉武帝想念着太子，又考虑到各地人民大多对他不满，有的地方早已起来反抗官府，匈奴虽然被轰到漠北去了，可是单于还是挺傲慢的，还等着机会再来侵犯边疆。他干了一辈子事业，远不能称心如意。他这么左思右想，觉得天底下什么都是空的了。他想再一次去求神仙，就召集了方士们，问他们神仙到底在哪儿。方士们说："神仙在山里，山在海里。可是每次出去，船只总是被风刮回来。因此，没有一回到达神山。"汉武帝要亲自航行去找神山，大臣们拦也拦不住他。

公元前89年（征和四年，汉武帝即位第五十二年，他六十九岁那一年），汉武帝到了东莱海边（在今天的山东半岛），正碰到大风大浪。没完没了的浪头向岸上冲过来，打在岩石上，天崩地裂般"砰"的一声，溅得山那么高。一个大浪刚在半空中爆得粉碎，向四面飞下，接着一声霹雷，第二个浪头又在半空中开了花。

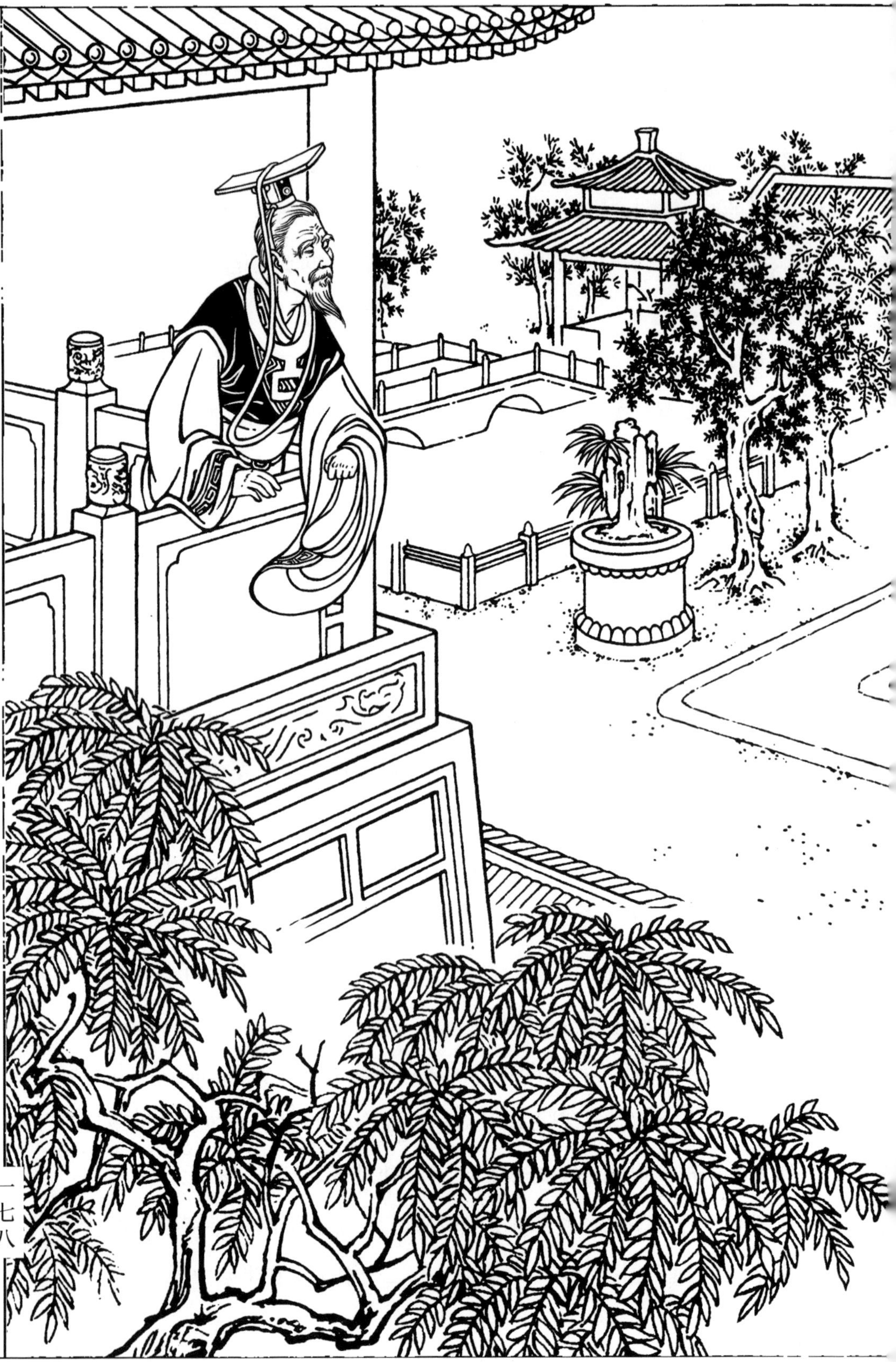

往远处瞧，好像千百条青龙翻江倒海地在那儿恶斗，一条上来，一条下去，把海面搅成了无数的雪山在那儿打滚。大风大浪把整个天都闹得迷迷糊糊的，好像快要塌下来似的，哪儿还能驶船！汉武帝一连在岸上等了十几天，没法下船。他叹了一口气，死了心，回来了。

汉武帝求不到神仙，只好回过头来脚踏实地整顿朝政了。他曾经说过："我如果不改变制度，后世没有个规范；我如果不出兵征伐，天下不得安定。要改变制度，要出兵征伐，就不能不多费些人力、财力。如果我的后代也像我这么干的话，那准会像秦朝一样，跟着就要亡国。"没想到不必等他的后代，目前国内的人民已经受不了了。

当初汉文帝和汉景帝采用"与民休息"的政策，完全免去田租或者免去田租的一半，原来是件好事情，可是得到好处的主要是土地所有者，也就是当时的地主阶级。他们开始兼并土地。到了汉武帝的时候，土地所有者趁着农民有困难，大批地兼并土地，土地更加集中到大中地主的手里。失去土地的农民不是做了佃农就是逃亡成为流民。再加上水灾、旱灾，各地都有大批的农民起来反抗官府。一生精明强干的汉武帝已经看到了：他如果再这么干下去的话，汉朝的统治就会被这一代的陈胜、吴广所推翻。

汉武帝害怕了，他第一次感觉到他得向人民屈服。无奈之下，他不得不使出最后一份力来挽救自己的命运。他下了决心，要尽一切努力来巩固自己的统治，还得以身作则去劝诫大臣和全国的官吏。他到了巨定县（属齐国，在淄水北），正是三月好天气，农民忙着春耕。他指着他们对大臣们说："咱们吃的、穿的，都是他们给咱们的呀！"他吩咐大臣们准备耒耜（lěisì）。汉武帝亲自下地，做了个耕种的榜样，劝导全国的农民好好耕种。

汉武帝在巨定耕作以后，封了泰山，在明堂祭祀了一番。他对大臣们说："从我即位以来，所作所为没有一件不是狂妄的，害得天下百姓愁苦不堪，我悔也悔不过来。从今以后，不论什么事情，凡是伤害老百姓的或者浪费天下财物的，一概停止！"大臣们低着头，各人心里都责备着自己过去的不是。

大鸿胪田千秋抓住机会，恳求汉武帝，说："方士们都说神仙灵、求神仙，可是一点效果都没有。请皇上把方士们一概废黜，让他们回家去，不得再骗人钱财。"汉武帝完全依照田千秋的意思做去。他说："唉，我以前实在太糊涂了，受了方士的欺骗。天下哪儿有仙人呢？全是瞎说八道。往后要节制饮食、有病吃药、注意身子、少生疾病就是了。"

汉武帝回到宫里，搜粟都尉（官名，管农耕和屯田事宜）桑弘羊来见他。桑弘羊曾经请汉武帝命老百姓每人增加三十钱的赋税作为边防费用，这会儿又向汉武帝建议，说："轮台东面有五千多顷土地可以耕种，请皇上派人到那边去筑堡垒，再设置都尉，驻扎军队，然后招募老百姓到那边去开荒。这样，不但轮台可以种五谷，也可以帮助乌孙，让西域各国有所顾忌。"汉武帝趁着这个机会下了一道诏书，说：

上次有人主张每人加税三十钱作为边防的费用，这是加重老弱百姓的负担，让他们更加困难。这次又请派士兵和老百姓到轮台去开荒，轮台在车师以西一千多里。以前发兵去打车师，虽然收服了车师，但是因为路远、饮食困难，沿路死了好几千人。到车师去已经死了这么多人，别说再到车师以西的地方去了。由于我自己糊涂，屡次派贰师（就是李广利）去打匈奴，害得士兵死亡，妻离子散，到今天我还心痛。现在又请我派人到遥远的轮台去筑堡垒，这不是又要扰乱天下，苦了百姓吗？我不愿意再听下去了。目前最要紧的是：禁止残暴的刑罚，减轻全国的赋税，鼓励农民努力耕种，厉兵秣马，使国家不再缺乏费用，边疆防备不放松才是。

自从这道诏书颁布下去以后，汉武帝就不再用兵了，所以后人称为"轮台悔过"。汉武帝不但不再用兵，他还用各种办法让老百姓能够过上好日子。农民反抗朝廷的行动开始缓和下来了。

第二十八章 托孤

汉武帝轮台悔过以后，不再用兵，一心要信任忠良，减轻军役，使人民反抗朝廷的情绪能缓和一下。到了这时候，他才想起东方朔的好处。东方朔也像司马相如一样，临死还上书汉武帝。不过司马相如是迎合汉武帝当时的心意，请他封禅；东方朔是劝汉武帝远离小人，信任忠良，还说只会奉承讨好的不一定就是好人，能够直言劝告皇上的倒不是坏人。

汉武帝认为像田千秋那样的人虽然没像董仲舒、申公、辕固那样博学多能，也没像张骞、卫青、霍去病那样立过大功，可是他能够替太子申冤，劝皇上排斥方士，做事小心谨慎，待人和蔼可亲，已经很不错了。要信任忠良，田千秋就该被重用。这样，汉武帝就拜田千秋为丞相，还封他为"富民侯"，就是叫他想办法"使人民富足"的意思。"富民侯"可要比派去屠杀农民的"绣衣使者"好得多。

富民侯田千秋推荐了赵过为搜粟都尉，教导老百姓增加生产的办法。汉武帝这几年来，对于增加农业生产的兴趣越来越高。几年前（公元前95年）赵中大夫白公（姓白；其名已无处可查）上了个奏章，建议在郑国渠南面再挖掘水渠，利用泾水灌溉民田。汉武帝就吩咐白公全权办理。白公勘测了地形，从泾阳县西北的山谷口开始一直到栎阳，修了两百多里长的水渠，可以灌溉泾阳、醴泉、三原、高陵四个县四千五百多顷田地。老百姓把这条渠叫白公渠，编了歌赞扬白公。那支歌说：

水从哪儿来？

远在山谷口。

郑国渠在前，

白公渠在后。

举锹成云彩，

放渠水足够；

泾河一石水，

肥土顶几斗；

浇地又当粪，

庄稼不用愁；

养活多少人？

几千万人口。

此时搜粟都尉赵过教导农民做三件改良耕种的事情。第一，每亩地挖三条沟，每条沟一尺宽、一尺深，沟和沟之间的土地分成三块，每年轮流留下一块让它休息。这样，土地不至于过分消耗肥力，长了草，有草肥，庄稼就能长得更好。第二，他教农民在薅地（除去杂草；薅hāo）的时候，拿土包住庄稼的根，根一深，就更能够耐风、耐旱。第三，改良农具，做到方便、灵巧，使用起来省力，还能够增加产量。老百姓采用了这些方法，庄稼长得旺，粮食打得多，大伙儿欢天喜地地把搜粟都尉赵过当作"神农氏"看待，还说："白公、赵过、田千秋，丰衣、足食有盼头。"

汉武帝信任了田千秋和赵过，又拜桑弘羊为御史大夫。这三个都是文的。武的方面也有三个人是他最亲信的，一个是霍光，一个是金日䃅，一个是上官桀。

霍光是骠骑将军霍去病的异母兄弟。虽然不是一个母亲生的，但霍去病待他像亲兄弟一样。汉武帝也挺看重他，叫他做了郎中，又从郎中连连升上去做了奉车都尉，后又升为光禄大夫。霍光服侍汉武帝二十多年，小心谨慎，从来没犯过过失。汉武帝知道他忠厚可靠，一切事情完全信任他。

金日䃅原来是休屠国的太子，由于汉武帝不顾大臣们的反对，待他特别好，一直信任他，他也就决心忠于汉武帝。金日䃅的母亲得病死的时候，汉武帝还把她的像画在甘泉宫里，给她写上"休屠王阏氏"几个字，作为纪念。

上官桀原来是给汉武帝看马的。有一回，汉武帝病了，上官桀乐得闲几天。赶到汉武帝病好了，到马房里一看，马都瘦得不像样子。汉武帝气得跟什么似的，骂着说："你以为我不会再来看马了吗？"说着，就要把他治罪。上官桀连忙磕头，说："我听说皇上病了，日日夜夜担心，饭也吃不下，觉也睡不着。我实在没有心思看马。"说着，眼泪一行、鼻涕一行地流下来。汉武帝认为他这么关心自己，真是个大大的忠臣，就把他当作心腹。

汉武帝重用田千秋、赵过、桑弘羊、霍光、金日䃅、上官桀这几个文武大臣，天下安定了一些，心里觉得舒坦多了。

公元前88年，汉武帝七十大寿快到了。丞相田千秋约了御史以下、两千石以上的文武百官要给他做寿，还请他听听音乐、养养神，祝他万寿无疆。汉武帝再次下了道诏书：

我无德于天下，无恩于人民，无德、无恩，狂妄一生。木头人的案子死了多少人，左丞相和贰师阴谋叛逆又使人心不安。几个月来，我连饭都吃不下去，哪儿还有心思听音乐呢？到了今天，方士、女巫的祸患还没完全扑灭，国内、国外还不能安享太平。我只觉得很惭愧，还有什么大寿可庆祝呢？我恭恭敬敬地感谢丞相以下到两千石各位的一番好意，请你们都回去。只要你们不偏不倚、忠心为国，那就是我的造化了。做寿的事，请别再提！

这道诏书一颁布下去，人们都说汉武帝好，汉武帝也觉得很欣慰。到了那年夏天，他住在甘泉宫避暑。那边四周安静，正好养养神。有一天早晨，他还没起床，忽然听到卧室外面"砰"的一声怪响，接着又是叮叮咚咚好像音乐的声音。他坐起来，正纳闷儿，又听到有人嚷着："马……造反！"他连忙拿着宝剑出去，一瞧，两个人正扭成一团在地下打滚。金日䃅死抱着一个人，嚷着说：“马何罗造反！"左右拔出刀来正要跑过去，汉武帝唯恐金日䃅受伤，吩咐他们不要用刀。金日䃅把马何罗举得高高的，使劲地往地下一扔，别人拥上去把他绑上。不费多大功夫，马何罗的案子就查问出来了。

原来马何罗是外殿里伺候汉武帝的一个内侍，他跟大胖子江充是一党。太子刘据起兵的时候，马何罗的兄弟马通帮着丞相刘屈氂打败太子，立了功劳，封了侯。赶到汉武帝后悔过来，把江充灭了门，马家的哥儿俩怕灾祸落到他们身上，就暗地里约定谋反。马何罗的行动给金日䃅瞧出来了，可是无凭无据，不能把他怎么样。金日䃅有意无意地总跟着他，弄得他不能下手。这会儿汉武帝到甘泉宫来避暑，马何罗就约定马通和他们的小兄弟马安成假传命令，连夜发兵埋伏在临近甘泉宫的地方。

天刚亮的时候，马何罗袖子里藏着短刀从外面进来，刚巧金日䃅因为肚子疼上厕所去。马何罗见了金日䃅，有点心慌，急急忙忙地向汉武帝的卧室跑去。跑到外屋，眼睛往后瞧，身子贴着墙轻轻地向卧室溜过去，正碰着了挂在墙上的宝瑟。"砰"的一声，那个宝瑟掉到地下，叮叮咚咚地响个不停。马何罗吓了一大跳，正想把弦摁住，就被金日䃅从后面抱住了。

汉武帝立刻派使者吩咐霍光和上官桀去捉拿马通和马安成。两兄弟正在宫外等着接应马何罗，想不到霍光和上官桀带着兵马把他们围上，好像逮小狗似的把他们都逮住了。

汉武帝经过这一次的惊吓，心里很不舒服，又想着太子死了，立谁做太子呢。昌邑王刘髆正月里害病死了，六个儿子现在只剩

西汉故事

一八七

下三个。燕王刘旦和他的兄弟广陵王刘胥虽然都很勇敢，有力气，可是他们都是骄横惯了的，毛病很多，怎么也不能立他们为太子。这么说来，只有钩弋夫人的儿子弗陵了。

弗陵今年七岁，身子长得挺结实，人又聪明，汉武帝不用说多疼他了。可是立这么一个小孩子做太子，他母亲又年轻，非得有个忠实可靠的大臣帮助他不可。汉武帝觉得大臣之中霍光最靠得住。他又想起从前周公怎么帮助小孩子成王来着——周公背着成王让诸侯朝见。弗陵是个小孩子，正跟成王一样，可不知道霍光肯不肯做周公。他叫画工画了一张"周公背成王朝诸侯图"，送给霍光。霍光是个老实人，收到了这么一张图画，一看，只觉得画得挺好，可不知道是什么意思。

霍光可以做周公，弗陵可以做成王，可是弗陵这么小，钩弋夫人一定会代他临朝，万一她也像吕太后那样抓住大权、杀害刘家的人、夺刘家的天下，那可怎么办呢？汉武帝把心一横，决定先杀了弗陵的母亲，消灭太后专权的可能性，然后才立他为太子。过了几天，他叫钩弋夫人自杀。钩弋夫人摘下簪子和耳环，趴在地上只是磕头。汉武帝吩咐左右把她带出去。钩弋夫人不说话，两只眼睛直瞅着汉武帝，那种可怜劲儿实在没法说。汉武帝只觉得她的水汪汪的眼睛好像两把尖刀扎在他的心上。他没有勇气再看下去，就闭上眼睛，捧着脑袋，说："快走，快走！反正你活不了啦！"钩弋夫人就这么给逼死了。

第二年（公元前87年，后元二年，汉武帝即位第五十四年），汉武帝病了，还病得很厉害。霍光、金日䃅、上官桀他们进去问安。

霍光流着眼泪，说："万一皇上有个三长两短，谁继承皇位呢？"汉武帝说："你还不明白那张图画的意思吗？立小儿子，你做周公。"霍光磕着头推辞，说："我比不上金日䃅。"金日䃅说："我是外族人，一来我比不上霍君，二来会叫匈奴把汉朝看轻的。"

汉武帝当天就立八岁的弗陵为皇太子。第二天，汉武帝拜霍光为大司马大将军，金日䃅为车骑将军，上官桀为左将军。三个人都接受了汉武帝的嘱咐，辅助小主人。还有御史大夫桑弘羊也一起在床前拜过了汉武帝。又过了一天，七十一岁的汉武帝死了。太子弗陵即位，就是汉昭帝。

第二十九章 苏武回国

太子弗陵做了皇帝，燕王刘旦很不服气。他认为上面的两个哥哥都死了，按次序他应当即位。他跟齐王刘将闾的孙子刘泽一同起来反对，可是他们并没有充分的准备。刘泽首先发兵，他还没跟燕王刘旦的军队联系上，就被青州刺史隽不疑逮住了。朝廷上审问下来，把刘泽处了死刑，燕王刘旦当然也应该处死。大将军霍光他们认为，汉昭帝刚即位就杀害亲哥哥，似乎不好，就叫刘旦承认了过错，给他一个重新做人的机会，没治他的罪。青州刺史隽不疑办事能干，升为京兆尹。

车骑将军金日䃅，上次逮住马何罗立了大功，汉武帝遗诏封他为侯。金日䃅因为汉昭帝刚即位，年纪又小，他要是接受封号，好像是趁机抓权似的，就推辞了。想不到过了一年多，他得了重病。霍光请汉昭帝快封他为侯，金日磾在床上躺着接受了大印。第二天，金日磾死了。他的两个儿子一个叫金赏，一个叫金建，跟汉昭帝的年龄差不多，汉昭帝总跟他们玩儿。金日磾一死，汉昭帝拜金赏为奉车都尉，金建为驸马都尉，金赏还继承了他父亲的侯爵。

九岁的汉昭帝很有情义，他对霍光说："金家只有弟兄两个，都封他们为侯也无妨。"霍光说："金赏继承他父亲的爵位，这是按规矩办事。金建就不能封。"汉昭帝歪着小脑袋笑嘻嘻地说："只要我跟将军一句话，封他也就封了呗。"霍光挺严肃地说："从前高皇帝和大臣们立过约：非功臣不得封侯。"汉昭帝这才明白了，就说："将军说得对，我应该听从太爷爷的吩咐。"霍光趁机会对他说："皇上真了不起。"霍光又说："老百姓到今天还想念着孝文皇帝和孝景皇帝。"汉昭帝问："为什么？""因为他们待老百姓好。"汉昭帝说："那咱们也要好好待老百姓啊！"霍光听了，心里的疙瘩解开了一大半。他一直担心国内不太平，现在看到汉昭帝能这么听他的话对待百姓，十分安慰，觉得百姓对朝廷不满的情绪也许能够缓和下来。他就跟汉昭帝商量，准备做点帮助老百姓的事情。

汉昭帝听了霍光的话，派了五个使者分头到各郡县去查看，叫他们办四件事：第一，令各郡县选举贤良；第二，慰问有困难的老百姓；第三，替有冤枉的人申冤；第四，查办失职的官员。

第二年快要春耕的时候，汉昭帝又派使者到各地去救济穷人，把大量的种子和粮食借给没有种子和口粮的农民。可惜那一年年成不好，八月里下了道诏书，说："这两年灾害多，今年蚕丝和麦子的收成又都很差。春天里所借的种子和粮食都不必还，今年田租也完全免了。"老百姓听到了这个消息，真是喜出望外，有的甚至说："孝文皇帝又回来了！"

汉昭帝虽然年纪小，但能听大臣的话，霍光也挺不错的，全国的情况要比汉武帝轮台悔过以前安定得多，连匈奴也愿意跟汉朝和好了。当初汉武帝进攻匈奴，深入穷追二十多年，匈奴因此也大伤元气。打一次仗总得死伤几万人马，连怀着胎的牛、马、羊也流了产，那些生下来的小牛、小马、小羊一遇到打仗，因为没人照顾，也大批大批地死去。因为这个，匈奴好几次想跟汉朝和亲，可是都没成功。

后来狐鹿姑单于得了病，临死的时候对大臣们说："我的儿子太小，不能治理国家，请立我的兄弟为单于。"第二天，狐鹿姑单于死了，阏氏跟卫律不愿意让别人即位，就假传单于的命令，立阏氏的儿子为单于，就是壶衍鞮单于。狐鹿姑单于的兄弟和左贤王不服，各占地盘，都自称为王。这么一来，无形中匈奴分成了三个国家。匈奴因为内部不团结，开始衰落下去。阏氏知道没有力量再跟汉朝打仗，就派使者到长安要求跟汉朝和亲。霍光也派使者去回告匈奴，只提出一个要求：要单于放回苏武、常惠等汉朝的使者，就答应和好。

苏武在北海放羊，已经十九年了。他在放羊的时候，始终没忘了自己是汉朝的使者，那根代表朝廷的使节从来没离开手。使节上的穗子这么多年来全掉了，可是他把那光杆子的使节看成自己的命根子一样。他紧紧地抓住这根杆子，想念着汉武帝，想念着朝廷，想念着父母之邦。

他在朝廷上本来跟李陵一起共事，又是朋友。李陵投降了匈奴以后，不敢去见苏武。过了十多年，单于派李陵到北海去见苏武，给他们预备了酒席和音乐，让他们两个人会一会，聊聊天。

李陵对苏武说："最近单于听说我跟您素来挺好，特意派我来跟您说，他很尊敬您。您反正不能回到中原去，白白地在这个没有人的地方自己吃苦。不管您怎么忠心，有谁知道呢？再说，令兄、令弟因为出了岔子，朝廷要治他们的罪，都自杀了。我来的时候，令堂已经过世了。嫂夫人年轻，听说已经改嫁了。剩下的就是两个令妹、两个令爱、一个公子了。现在，过了这十几年，是生是死，不得而知。唉，人生好比早晨的露水，何必为难自己呢？起初，我刚来的时候，心里有说不出的痛苦，简直像疯了一样。痛恨自己对不起朝廷，年老的母亲又被关在监狱里，您可以想得到我是多么痛心。万没想到朝廷不谅解我，把我的一家老小都杀了，逼得我无路可走，只好留在这儿。您不愿意投降，我何尝愿意投降呢？现在皇上已经老了，法令也没个准谱儿。今天杀大臣，明天斩大将，无缘无故被灭了门的就有好几十家。真是朝不保夕啊！子卿（苏武字子卿），您还为了谁呢？"

苏武回答说："做臣下的就是为朝廷死，也没什么可抱怨的！就算朝廷有什么不谅解咱们的地方，难道咱们就能对不起自己的祖宗吗？就能对不起咱们的父母之邦吗？请您别再说了。"

李陵不便再开口，又跟苏武住了几天，喝喝酒，聊聊别的事情。

那一天，两个人喝着酒，正在高兴的时候，李陵再一次对苏武说："子卿，您能不能再听听我的话？"苏武放下酒杯，说："我自己早就准备死了。大王一定要逼我投降的话，我就死在大王面前！"

李陵见苏武这么坚决，忽然把他称为大王，听了实在刺耳，就叹了一口气，说："唉，您真是个义士！我和卫律简直都不是人！"说着，掉下眼泪来。就这样，他只好跟苏武分别了。

李陵叫他妻子出面，送给苏武几十头牛羊。两口子又给苏武找了个匈奴姑娘，劝她嫁给苏武。那姑娘也很尊敬苏武，什么事情都愿意帮助他。苏武也挺喜欢她，把她当作丫头留下了，可是不敢娶她做媳妇。日子久了，他从心眼里尊敬这位姑娘，他认为："单于跟汉朝作对，可是我跟匈奴的老百姓是无冤无仇的。"他就把她作为夫人了。

后来李陵得到了汉武帝逝世的消息，又跑到北海去见苏武。苏武面朝着南方，眼睛望着天边，放声大哭，哭个不停，还咯（kǎ）了几口血。一连几个月，他只要一想起从此不能再跟汉武帝见面了，就伤心得哭起来。

赶到壶衍鞮单于即位，国内不团结，阏氏怕汉兵突然打过来，就请卫律想办法。卫律出了个主意，要匈奴跟汉朝和亲，匈奴才派使者来求和。汉朝的使者要求匈奴把苏武、常惠他们送回去。匈奴骗使者说苏武他们都已经死了。后来汉朝又派使者到匈奴去。常惠买通了单于的手下人，私底下见了使者，说明苏武还活着，还教给他一个要回苏武的说法。

第二天，使者见了单于，要他送回苏武他们。壶衍鞮单于说：

"苏武早已死了。"汉朝使者挺严厉地责备他,说:"单于既然诚心要跟汉朝和好,就不应该再欺骗汉朝。大汉天子在上林苑射下了一只大雁,大雁的脚上拴着一条帛书,是苏武亲笔写的。他说他在北海放羊。您怎么说他死了呢?大雁能带信,就是天意。您怎么可以欺骗天呢?"

单于听了,吓了一大跳,眼睛看看左右,左右目瞪口呆地也都愣了。单于张着嘴,眼睛望着天,说:"苏武的忠心感动了飞鸟,难道我们还不如大雁吗?"他当时就向使者道歉,答应一定好好送回苏武。使者说:"承蒙单于放回苏武,请把常惠、马宏、徐圣、赵终根等一概放回,才好诚诚恳恳互相和好。"单于也都答应了。

单于就派李陵再到北海去召回苏武。李陵准备了酒席,给苏武道喜。两个人一面喝酒,一面聊天。李陵说:"现在您能够回国,我又是高兴又是悲伤。您在匈奴扬了美名,对朝廷立了大功,自古以来,谁比得上您?我李陵虽然又愚昧又胆小,但如果朝廷当初宽大一点,保全我年老的母亲,让我有擦去污点、将功赎罪的一线希望,我怎么也不至于忘恩负义。想不到朝廷把我一家灭了门,我还有什么脸再回故乡?您是知道我的心的。我们今天分别就是永别了。"说着,他又哭了。

苏武也有一种痛苦,他得去跟那个匈奴夫人告别。他十分感激她,也很爱她,可是不能带她回去。他说:"要是两国真正和好,我们还可能有见面的机会。"她流着眼泪说:"我是匈奴人,你不能带我回去,我也不能叫你为难。可是,我,我……"她没法再说下去,只能抽抽噎噎地哭着。苏武给她擦着眼泪,问她:"你怎么啦？"她哭得更伤心了。过了一会儿，她低着头，说："我……我已经有了身孕了。将来的孩子，他……他总是汉朝的人哪。"苏武又是喜欢又是难受，可是他也不知道怎么说好，就点点头，安慰她一番，走了。

当初苏武出使的时候，随从的人有一百多个，这次跟着他回来的只剩常惠、徐圣、赵终根等九个人了。苏武出使的时候刚四十岁，现在回国，胡须、头发全都白了。长安的人民听说苏武回来了，都出来看。他们看见了白胡须的苏武手里拿着光杆子的使节，没有不感动的。有的流下眼泪来，有的竖着大拇指，说他真是个大丈夫。

苏武他们拜见了汉昭帝，交还使节。十四岁的汉昭帝拿着那根光杆子，看了好大的工夫，又看看苏武他们，酸着鼻子，可说不出话来。完了，他把使节亲手交给苏武，对苏武说："您到先帝庙里去祭祀祭祀，把使节交还给先帝，让他老人家也高兴高兴。"说着，他直流眼泪。他只能这么流眼泪，可不知道该封给苏武什么官职。大将军霍光出了个主意，请汉昭帝拜苏武为"典属国"，叫他管理汉朝跟那些外国来往的事儿，又赏给他钱二百万、公田二顷、住宅一所，可没封他为侯。常惠、徐圣、赵终根他们做了中郎。还有五六个年老的，各人赏钱十万，让他们回家去。他们这些人不肯投降匈奴，本来都是准备死在外边的，这会儿能够回到本国，重见故乡，已经够满意的了，对于朝廷赏赐的多少倒不在乎。

苏武回来以后，汉朝和匈奴没再打仗，双方都有使者来往。

西汉故事

苏武收到了李陵给他的信,才知道匈奴夫人已经给他生了一个儿子。苏武写了回信,给儿子取了个名字叫"通国",托李陵照顾他们,还劝李陵抓住机会能够回来就回来。霍光和上官桀原来跟李陵都是朋友,这会儿也派李陵的老朋友陇西人任立政等三人到匈奴去劝李陵回来。李陵回答他们,说:"回去是容易的,可是我已经丢了脸投降了匈奴,我不能回到汉朝再去丢一次脸。"他不愿意受到汉朝的审问,宁可死在匈奴。

苏武回来没多久,上官桀勾结了燕王刘旦又造起反来了。

第三十章 聪明的少帝

上官桀和他儿子上官安，汉昭帝的大姐盖长公主，还有别的大臣，他们都因为霍光不讲情面，把霍光看作眼中钉，就勾结燕王刘旦造起反来了。

上官安的妻子是霍光的女儿。她生了个女儿，已经六岁了。上官安异想天开，要把他六岁的女儿嫁给汉昭帝，将来好立她为皇后。他把这个打算告诉了他父亲上官桀，请他先去跟霍光疏通一下。上官桀就把这件事告诉了霍光，霍光说："令孙女才六岁，现在就送进宫里去，这是不合适的。"话是一句好话，可是上官桀和上官安从此就恨上霍光了。

上官安还不死心，他另外找了个门路，找到了与汉昭帝的大姐盖长公主亲近的丁外人。汉武帝死后，汉昭帝即位，长公主应大臣们的请求搬到宫里去照顾小弟弟汉昭帝。上官安向丁外人一说，丁外人向长公主一说，长公主就答应下来了。汉昭帝从小死了母亲，一向把大姐长公主看成母亲一样。长公主怎么说，他就怎么做。就这样，上官安六岁的女儿进了宫，没有多少日子就被立为皇后。上官安做了国丈，升了官职，做了车骑将军。

上官安非常感激丁外人，就在霍光面前说丁外人怎么怎么好，可以封他为侯。霍光对于六岁的小姑娘进宫这件事本来很不乐意，因为长公主主张这么办，他不便过于固执，再说小姑娘到底是自己的外孙女，她做了皇后将来对自己也有好处，就睁一只眼、闭一只眼地算了。可是，封丁外人为侯，算是什么规矩呢？就算上官安嘴皮子说出血来，霍光也是死活不依。

上官安碰了一鼻子灰，还不罢休。他恳求他父亲上官桀再去跟霍光商量。霍光只知道"非功臣不得封侯"，就是不答应。上官桀降低了要求，说："那么，拜他为光禄大夫行不行？"霍光说："那也不行。丁外人无功无德，什么官爵都不能给。请别再提啦！"上官桀又是害臊又是恨，只好耷拉着脑袋出去了。霍光因此得罪了上官桀他们爷儿俩和长公主、丁外人他们。

除了这几个人以外，还有一个御史大夫桑弘羊，他是个理财的专家，倒不是因为个人原因反对霍光，只因为两个人在理财的政策上意见不同，合不到一块儿去。之前霍光听了谏大夫杜延年的意见，要实行汉文帝那样"与民休息"的政策。杜延年对霍光说："先帝喜欢用兵，又爱奢侈，弄得天下困苦不堪，人口减少了一半。这几年来，收成又不好，老百姓流离失所，日子难过。大将军辅助少帝，应当实行孝文皇帝时代的爱民政策：一切费用能够节省的就节省，使天下能够有俭朴的风气；一切法令能够宽大点的就宽大点，使老百姓能够乐意受到教化。"

霍光完全同意杜延年的建议，他请汉昭帝再次下一道诏书，从各地方选举贤良的、有学识的人才，慰问有困难的老百姓，给他们一些帮助。这还不算，他又要废除盐税、酒捐、公家铸钱和"均输法"。均输法是公家防止商人抬高物价的一种买卖制度。这些捐税和买卖制度都是当初桑弘羊请汉武帝规定下来的。现在霍光请汉昭帝废除这些规定，桑弘羊当然起来反对。

大臣们对于废除酒捐和均输法大都赞成，可是对于废除盐税和让私人自己铸钱，意见很不一致，因此发生了争论。

上官桀他们就把桑弘羊拉过去，再去勾结燕王刘旦，打算先除霍光，然后废去汉昭帝，立燕王刘旦做皇帝。朝廷里有左将军上官桀、车骑将军上官安，外边有燕王刘旦，宫里有长公主和丁外人，他们联合起来布置了天罗地网，不怕霍光不掉在里面。

燕王刘旦不断派人带金银财宝送给长公主、上官桀、上官安他们，叫他们快想办法。刚好霍光出去检阅羽林军，完了又把一个校尉调到大将军府里来。上官桀他们趁着这个机会冒充燕王刘旦上书告发霍光。他们派个心腹作为替燕王刘旦上书的人。汉昭帝接到了燕王刘旦的信，上面写着：

臣燕王旦上书陛下：听说大将军霍光出去检阅羽林军，耀武扬威地坐着跟皇上一样的车马，又自作主张，调用校尉。这种不尊重皇上、滥用职权的人哪儿像个臣下？我担心他有阴谋，对皇上不利。我愿意归还燕王的大印，到宫里来保卫皇上，免得奸臣作乱。

汉昭帝把这封信看了又看，念了又念，就搁在一边。上官桀等了半天，没见动静，就到宫里去探问。汉昭帝只是微微地一笑，并不回答他什么。第二天，霍光进宫，听说燕王刘旦上书告发他，吓得躲在偏殿的画室里等待发落。过了一会儿，汉昭帝临朝，大臣们都到了，单单少了一个霍光。他问："大将军在哪儿？"上官桀回答说："大将军因为被燕王告发，不敢进来。"

汉昭帝吩咐内侍去召霍光进来。霍光进去，自己摘去帽子，趴在地下，说："臣该万死！"汉昭帝说："大将军尽管戴上帽子，我知道有人成心要害你。"大臣们听了，你看看我、我看看你，都害怕了。霍光又是高兴又是奇怪。他磕了个头，说："皇上怎么知道的呢？"汉昭帝说："大将军检阅羽林军是在邻近的地方，调用校尉也是最近的事，一共不到十天工夫。燕王远在北方，他怎么能够知道这些事？就算知道了，马上派人来上书，也来不及赶到这儿。再说，如果大将军真要作乱，也用不着一个校尉。这明明是有人谋害大将军，燕王的信是假造的。我虽然年轻，也不见得就这么容易被人愚弄。"这时候汉昭帝才十四岁，霍光和别的大臣们听了，没有一个不佩服少帝的聪明的。

霍光戴上帽子，恭恭敬敬地站着。上官桀他们吓得凉了半截。汉昭帝把脸一沉，对大臣们说："你们得想个办法把那个送信的人捉来！"送信的人就是上官桀他们派的，大臣们怎么知道呢？

西汉故事

汉昭帝连着催了几天,也没破案。上官桀他们怕追急了惹出祸来,就劝汉昭帝,说:"这种小事情陛下不必追究了。"汉昭帝说:"这还是小事情吗?"自此,他就怀疑上官桀那一伙人了。

上官桀那一伙人还在汉昭帝面前说霍光的坏话。汉昭帝沉下脸来,他说:"大将军是忠臣。先帝嘱咐他辅助我,你们还要说他的坏话吗?以后谁要再在我面前诬赖好人,我就砍他的脑袋!"上官桀他们只好再使别的花招。

上官桀他们和长公主商量了好几次,最后决定由长公主出面请霍光到宫里去喝酒,上官桀他们爷儿俩布置下埋伏,准备在宴会的时候行刺霍光。他们又派人通报燕王刘旦,请他到京师来即位。燕王刘旦还答应封上官桀他们为王,当即就派了使者去接头。

上官桀他们爷儿俩又秘密地定下了计策。他们准备杀了霍光以后,再把燕王刘旦刺死,上官桀自己即位登基。上官安高兴得像躺在云彩里一样,父亲做了皇帝,自己就是太子了。心里太高兴,不能不跟自己的心腹聊聊。有人对上官安说:"皇后是您的女儿,将来可怎么安置她呢?"上官安说:"狗在追鹿的时候还有工夫去管小兔子吗?"说着,大笑起来,笑得浑身好像大了一圈。哪儿知道有人把他们的秘密泄露出去。谏大夫杜延年得到了这个消息,连忙告诉了霍光,霍光连忙告诉了汉昭帝,汉昭帝又连忙嘱咐丞相田千秋火速扑灭乱党。

田千秋首先逮住了燕王刘旦的使者,再派人分头去邀请上官桀和上官安到丞相府里来。他们一个一个地进来,就一个一个地被绑上了。然后田千秋派丞相府的卫士逮捕上官桀他们的同党,挨个儿录了口供。就这样，上官桀、上官安、丁外人等连他们的宗族好像做梦似的都被杀了。长公主没有脸再见人，也自杀了。燕王刘旦听到了这个消息，还想发兵，随后又接到了诏书，叫他放明白点，他就上吊自杀了。燕王刘旦的儿子和长公主的儿子都免了死罪，被罚去做平民。皇后上官氏才九岁，谋反的事连听都没听到过，她又是霍光的外孙女，还是做着皇后。

霍光扑灭了乱党，就请大臣们推荐正派的人为朝廷办事。有人上书，说韩延寿可以重用。霍光请汉昭帝拜韩延寿为谏大夫。大家又说张汤的儿子张安世品德高尚，又有能耐。汉昭帝拜他为右将军。霍光又推荐了杜延年。他在这次平乱当中立了大功，就升为太仆（管车马的大官，是九卿之一）。霍光对于刑罚主张从严，杜延年和张安世总帮助他，劝他从宽处理。

霍光希望老百姓能够得到休养，不愿意再用兵，偏偏东边的乌桓和西边的楼兰又出事了。

第三十一章 立昏君

乌桓是东胡的后代，以前附属于匈奴，后来归附了汉朝，这会儿又跟汉朝敌对起来。从前冒顿单于打败了东胡，东胡向东逃去，占领了乌桓和鲜卑两座山，以后就分成乌桓和鲜卑两个部落，都附属于匈奴。汉武帝打败了匈奴，让乌桓迁移到上谷、渔阳、右北平、辽东等郡的塞外去，叫他们替汉朝侦察匈奴的动静。汉朝还设置乌桓校尉，监察他们，不让他们跟匈奴联络。乌桓住在这一带土地肥沃的地方，慢慢儿强大起来，不但不怕匈奴，而且也不愿意再听从汉朝的命令了。

汉昭帝即位三年以来，匈奴每年都来侵犯边界，可是没有一次不被打得头破血流。因此，匈奴不敢再到南边来。西北方面，匈奴也不敢再到张掖去了。乌桓趁着这个机会，不但大胆地去侵略匈奴，还跟汉朝对立起来。

霍光正在为难的时候，恰巧有几个匈奴的将士前来投降。他们报告了一个消息，说上次乌桓侵略匈奴，还刨了单于的坟，匈奴为了报仇，发动两万骑兵去打乌桓。霍光就请汉昭帝拜范明友为度辽将军，带领两万骑兵赶到辽东去。霍光嘱咐范明友，说："匈奴屡次说和亲，可还侵犯我们的边境。你不妨宣布他们的罪状，征伐匈奴。乌桓不服朝廷，也应当受到惩罚。"

度辽将军范明友到了辽东郡的塞外，匈奴已经跟乌桓打了几仗了。匈奴听到汉兵到来，连忙退回去。乌桓刚跟匈奴打得筋疲力尽，哪儿还能够抵抗汉兵？范明友杀了六千多乌桓士兵，打了胜仗。范明友就这么平定了乌桓，立了功，被封为平陵侯。同时，还有个傅介子，他平定了楼兰，立了功，被封为义阳侯。

傅介子是北方人。他听说楼兰、龟兹（qiūcí，古西域国名，在今新疆维吾尔自治区库车市）虽说归附了汉朝，可是反复无常，还屡次杀害汉朝到大宛去的使者，就自告奋勇地上书，愿意到大宛去，顺便探听一下楼兰和龟兹的内部情形。霍光挺看重他，派他带着人马出使大宛，顺路责问楼兰和龟兹的不是。傅介子先到了楼兰和龟兹，责问他们为什么跟汉朝为难，又告诉他们，说："如果再杀害使者，汉朝只好发兵来了。"他们都承认不该杀害汉朝的使者，以后愿意一心跟汉朝和好。

傅介子从大宛回来的时候，路过龟兹，正碰到匈奴的使者也到了龟兹。傅介子半夜里率领着随从的士兵包围了匈奴使者的帐篷，杀了匈奴的使者，然后才回到长安。

他对霍光说："楼兰、龟兹虽然都归向了朝廷，可是他们的国王只顾自己，不顾大局，一有机会就跟匈奴勾结，他们还是会叛变的。依我说，不如帮助一些能够抵抗匈奴的人，立他们为王，好叫他们一心向着朝廷。"霍光回答说："龟兹路远，不如先到楼兰去试试吧。"

楼兰王的兄弟尉屠耆（qí）住在长安，学习汉朝的文化，他是向着汉朝、反对匈奴的。楼兰的贵族当中有一批人愿意辅助尉屠耆，他们看到楼兰王对汉朝反复无常，也很不满意。傅介子就利用楼兰内部不和的机会，设下埋伏，杀了楼兰王。他对楼兰的贵族和大臣们说："你们的王私通匈奴，屡次杀害汉朝的使者，不能不治罪，别的人都不必害怕。他的兄弟尉屠耆已经被立为楼兰王，他的兵马马上就到。只要你们归向他，大家都有好处。"大伙儿听了，谁也不反对。他们说愿意迎接新王。

汉朝改楼兰为鄯善，立尉屠耆为鄯善王，给他一颗王印，又把宫女嫁给他做夫人。汉昭帝吩咐丞相率领文武百官很隆重地把鄯善王送到北门外。鄯善王非常感激。

公元前74年（元平元年，汉昭帝即位第十三年），汉昭帝二十一岁了。由于这十几年来厉行节约，国库还算充足，汉昭帝就下了诏书，说："天下的根本大事在于种地和养蚕。几年来，由于鼓励节约，减少军役，裁减不必要的官员，耕地的和种桑树的人就越来越多了。可是老百姓还有困难，我总觉得心里不安。因此，我主张减少人头税。"主管人头税的大臣虽然不愿意减少收入，也只好上奏章，建议减少十分之三的人头税。汉昭帝批准了。

减少人头税的命令一颁布下去，老百姓减轻了负担，都颂扬着汉昭帝对老百姓的恩德，希望他身体健康，万寿无疆。想不到仅仅过了两个月工夫，年纪轻轻的汉昭帝就得病死了。

那时候，皇后上官氏才十五岁，没有孩子，别的妃子也没听说生过儿子。大臣们议论纷纷，立谁好呢？汉武帝的六个儿子，现在只剩下一个广陵王刘胥了。可是他的荒唐劲儿是出了名的，汉武帝早就说过不准他继承皇位。霍光当然不会立他为皇帝的。

有人认为汉武帝原来的两个皇后，陈皇后废了，卫皇后自杀了，那等于没有皇后了；只有一个李夫人，她临死还是汉武帝所宠爱的，还不如立李夫人的孙子吧。

李夫人的孙子就是昌邑王刘贺。霍光也不知道昌邑王刘贺是怎么样的一个人，就请十五岁的皇后上官氏下了一道诏书，派使者去迎接他来即位。昌邑王刘贺原本就是个低能的浪荡子，光知道玩乐，不知道上进。他手底下也有几个正派的大臣，像中尉王吉、郎中令龚遂、老师王式等。他们屡次苦苦劝告刘贺，但刘贺不喜欢他们。他喜欢的只是一班专门跟着他玩乐的臣下。

使者到昌邑已经半夜了。因为事关紧要，宫里伺候刘贺的臣下请他起来。刘贺接了诏书，刚看了几行，就高兴得手舞足蹈，大声笑着说："哈哈，我做皇帝去了！"说着，就抱着一个手下人直蹦，蹦得两个人全都摔倒了。一爬起来，就叫人预备车马，一面叫厨师把夜宵端到内室里来。夜宵还没端进来，他一个人就在屋子里像小猫撒欢似的蹦着，没法坐下来。他一见厨师进来，就自己端着盘子转了几个圈，对厨师说："哈哈，我到长安做皇帝去了，你们去不去？"一下子，宫里、宫外都起了哄，内侍、宫女、厨师，还有驾车的、看马的、养狗的、踢球的、吹打的都到宫里来贺喜，要求刘贺把他们都带到长安去。刘贺指手画脚地说："行，行！都去，都去！"

中尉王吉得到了这个消息，慌忙来劝昌邑王别这么心急。这种泼冷水的话他哪儿听得进去，等不到中午，就骑上马飞一般地先跑了。一口气到了定陶，已经跑了一百三十五里地。回头一瞧，跟着他的人一个也见不到。他只好在驿舍里等着。等了大半天，才见朝廷的使者赶到。后面还有三百多人一个接着一个地赶上来。他们说马受不了，沿路死了不少。

王吉劝告昌邑王，说："我听说从前孝文皇帝听到高皇帝晏驾了，悲伤得说不出话来，三年没笑过一次。现在大王去主持丧事，应当哭泣、悲哀。请大王留点神，别让人家瞧不起。大将军的仁爱、勇敢、智慧、忠诚、信义，谁都知道。他伺候了先帝二十多年没有过错，先帝把整个天下托付给他。大将军抱着少帝治理天下，爱护百姓，大伙儿过着太平的日子，就是古时候的周公、伊尹也不过如此。现在皇上晏驾了，没有后代。大将军为了奉祀宗庙而立大王。他对大王这么仁厚，请大王一心一意地尊敬他，就是像伺候长辈一样地伺候他也不算过分。但愿大王留意，记住我这一番忠诚的劝告。"刘贺呆呆地点点头，就又上马走了。

昌邑王刘贺到了济阳，听说那儿有两种土特产很出名。一种是"长鸣鸡"，打起鸣儿来比别的鸡又长又响；一种是"积竹杖"，

西汉故事

是用两根竹竿合成的手杖。这两种东西对刘贺一点用处都没有，他偏偏要停下车马去买，而且越多越好。郎中令龚遂拼命劝阻，他只好买了三只长鸣鸡、两根积竹杖，又走了。他到了弘农，看见那边的姑娘们挺漂亮，就暗暗地嘱咐人快去挑选十几个最漂亮的偷偷地送到驿舍里去。

这件事情被使者知道了，他批评昌邑的相国安乐。安乐告诉龚遂，龚遂立刻进去责问刘贺。刘贺不肯承认，赖又赖不了，只好看看站在旁边帮他办这件事的人。龚遂叫卫士把那人拉出去砍了，又把那些抢来的姑娘放回家去。刘贺无话可说，耷拉着脑袋，表示同意。

刘贺他们到了灞上，离长安只有几里地了，有几个大臣等在那儿迎接，请昌邑王刘贺坐上了特别准备的车马。他们到了东门外，龚遂对刘贺说："照规矩，奔丧到了京都就应当哭了。"刘贺说："我嗓子疼，不能哭。"到了城门口，龚遂又催他哭。他哪儿哭得出来呢？一直到了未央宫，龚遂请刘贺下车，对他说："再不哭，就不能做皇帝了。请赶快趴在地下，哭得越伤心越好。"刘贺答应说："好，好！我哭，我哭！"他就趴在地下，呜呜呜地哭得还挺像个样儿。

上官皇后下了诏书，先立昌邑王刘贺为皇太子，再叫皇太子刘贺即位，尊十五岁的上官皇后为皇太后。可是这么一个人怎么能治理天下呢？

第三十二章 废昏君

昌邑王刘贺即了位,中尉王吉、郎中令龚遂、老师王式都没得到重用,因为这些大臣总说讨厌的话,劝他守规矩,就是对霍光,他也敬而远之。老师王式还老教他念《诗经》。《诗经》难字多、句意深,他觉得无趣。他如今是皇帝,又不是小学生,犯不着每天抱着书本。他喜欢的是从昌邑带来的那些跟他一块儿胡闹的臣下,包括车夫、厨师、看马的、养狗的,连养长鸣鸡的都在内。他在宫里闷得慌,就叫手下的人陪着他喝酒作乐、追打嬉戏找乐子。

在宫里撒欢儿还不够,他还闹着要到外面玩去,左右的人都劝说皇上不能随便出去。刘贺就叫他们陪着自己到上林苑去跑跑马,或者到兽园内去看看老虎、豹子什么的。刘贺觉得老虎跟豹子分别被关在笼子里不好玩儿，他就让管野兽的人把它们关在一起，让它们打架撕咬，这才觉得好玩儿。

他在宫里的时候，就是喝酒玩乐，可老是这一套也挺烦的。他就独出心裁，把乐府里所有的乐器都叫人搬出来，令每人拿一件，自己也挑了一件，就这么乱七八糟地吹吹打打，闹得宫里锣鼓喧天，好像要把房顶都轰塌了他才高兴似的。

说他年轻、不懂事，可他已经十九岁了。在汉昭帝丧事期内，刘贺就这么荒唐，怎么能叫大臣们不着急呢？龚遂他们流着眼泪，头磕出血来地劝告他，他当耳旁风，还是跟着了魔似的坚决不改。大臣张敞上书劝告他，说："皇上刚即位，正是年轻有为的时候，天下的人都擦亮眼睛、侧着耳朵要看皇上的行动，听皇上的教化。朝廷中辅助皇上、为国家出力的大臣都没受到表扬，从昌邑来的那批小人反倒受到重用，这是最大的过错。请皇上远离小人，亲近君子，这才是国家的造化，天下人的造化。"刘贺觉得亲近君子多乏味、远离小人多没劲，要是这样，还不如不做什么皇帝。

大臣当中最苦闷的要数霍光了，他眼瞧着新立的天子是这份德行，觉得实在对不起汉武帝，就偷偷地跟大司农田延年商量挽救的办法。田延年说："大将军是国家的柱石，既然知道他不配做君王，为什么不禀告太后，另外选一个贤明的君王呢？"

霍光要强，一心想做个像古时候那样忠心的大臣，因此他一直小心谨慎，不敢有一点破坏规矩的行为。听了田延年的话，他心里倒是认同，可又怕坏了规矩，就结结巴巴地说："古时候有过这样的事吗？"田延年说："怎么没有呢？从前伊尹做殷朝的相国，曾经轰走昏君太甲，安定宗庙、社稷。后世的人都称他为圣人。大将军如果也能够这样做，您就是汉朝的伊尹了。"听了这一席话，霍光心里踏实了不少，但为了保险起见，决定再去跟车骑将军张安世（张安世由右将军升为车骑将军）商议。

张安世完全赞成霍光和田延年的主张。至此，三个人一致决定废去昏君。霍光就派田延年去告诉丞相杨敞。杨敞倒是个忠厚人，就是胆儿小，他听了田延年的话，吓得上气不接下气地说："是，是！哦，哦！"连连擦着脑门子上的汗珠。那时候正是伏天，田延年到里面去宽宽衣服。杨敞的夫人是司马迁的女儿，很有见识。她趁机赶紧从东厢房跑到杨敞那儿，对他说："这是国家大事。现在大将军能够做这个决定，特意请大司农来告诉你，你怎么还这么吞吞吐吐的呢？你要是不跟大将军一条心，你就死在眼前了！"杨敞被他媳妇这一串数落，吓得脊梁上的汗湿透了衣服。司马夫人还没来得及离开屋子，田延年已经进来了。她索性拜见了田延年，对他说："愿意听从大将军的命令！"杨敞照着他夫人的话重复了一遍，说："愿意听从大将军的命令！"

田延年向霍光报告，霍光就叫田延年和张安世写奏章，准备请大臣们签名。第二天，霍光到了未央宫，召集了丞相、御史、将军、列侯、大夫、博士，还有典属国苏武等，商议大事。霍光先开口，说："昌邑王行为昏乱，恐怕社稷不保、天下不安，怎么办呢？"大伙儿听了，好像晴天打了个响雷，只是你看看我、我看看你地呆愣着，谁也不敢发言。

田延年站起来，拿着宝剑，走上一步，说："先帝把孤儿托付给大将军，把天下托付给大将军，因为大将军忠心、贤明，能够保全刘家的天下。现在人心惶惶，国家将亡，倘若大将军不马上决定大计，汉朝天下从此就灭了，刘家宗庙从此就毁了，就算大将军拼着一死，请问大将军有什么脸去见先帝？所以，今天的事不能再拖下去了。做了汉朝的大臣，不能帮助汉朝就是不忠！谁敢不同心协力，我就先把他杀了！"

　　霍光拱了拱手，说："大司农责备我，很对！朝廷弄得乱哄哄的，都应当怨我！"大臣们手摸胸膛一想，觉得自己也该受到责备，于是都趴在地下，磕着头说："天下万民全靠大将军。我们愿意听从大将军的吩咐！"丞相杨敞也说："愿意听从大将军的吩咐！"

　　霍光就把田延年和张安世写好了的奏章念了一遍，大臣们听了，连连点头。当时就由丞相杨敞领衔，大将军霍光、车骑将军张安世、度辽将军范明友、太仆杜延年、大司农田延年、典属国苏武等几十个大臣都签了名。他们一块儿去见上官皇太后，扼要地说明昌邑王不能继承宗庙。皇太后就坐着车到了未央宫承明殿，吩咐卫士守住各处宫门，不准昌邑的那批臣下进来。

　　昌邑王刘贺听说皇太后到了承明殿，不得不去朝见。他一瞧不让昌邑的臣下进来，就问是怎么回事。霍光跪着说："是皇太后下的命令。"刘贺说："就算是有命令，干吗这么大惊小怪的？"

　　不一会儿，皇太后传出命令，吩咐昌邑王进去。昌邑王进了承明殿，就吓了一大跳。他望见：上官皇太后穿着最气派的衣服，威风凛凛地坐着；左右站着卫士，殿下排列着一班拿着长戟的武士。

西汉故事

二一七

昌邑王不由得哆嗦起来，跪在皇太后面前，听她的吩咐。旁边有个尚书令，拿着大臣们的奏章，开始宣读起来：

丞相敞等冒死上书皇太后：孝昭皇帝晏驾，没有后嗣，特派使者去召昌邑王来主持丧事。不料他毫无悲哀之心，路上也不肯斋戒，反倒派人强抢民间妇女，在驿舍里荒淫无道。到了京师，立为皇太子，竟在孝子居丧期内，私买鸡、猪，大吃大喝。自作主张，带来了昌邑的人员二百多人，天天跟他们在一起玩乐。送殡回来，就把宗庙乐器胡乱吹打。连皇太后的车马，他也给官奴使用着玩儿。连孝昭皇帝的宫女，他也敢随便污辱。并且还发了命令，谁敢泄露上述情况一律腰斩……

别看上官皇太后年纪轻，她听到这儿，气得胸膛一鼓，吩咐尚书令先停下，大声斥责刘贺，说："做臣下的可以这么无法无天吗？"刘贺用膝盖倒退了几步，仍然趴在地下。尚书令继续读下去：

他把诸侯王、列侯和两千石官员所用的绶带送给昌邑官奴，把库房里的金钱、刀、剑、玉器、绸缎送给跟他玩乐的人。他即位才二十七天，就做了一千一百二十七件不应当做的事。他这么荒淫无道，失去了帝王的体统，破坏了汉朝的制度。臣敞等屡次向他劝告，他不但不肯改正过错，而且过错越犯越严重。这么下去，恐怕社稷不保，天下不安。宗庙、社稷比君王更重要，这样的君王不能继承宗庙，统治万民，应当废去。请皇太后下诏！

上官皇太后听他念完了，就说："可以！"霍光就吩咐左右扶着刘贺下去。霍光还把他送到昌邑公馆，对他说："大王自己不好。我宁可对不起大王，但不能对不起国家。希望大王自己保重，我不能再伺候大王了。"说着，他流着眼泪跟刘贺分别了。

大臣们请霍光把刘贺放逐到汉中去，霍光认为处罚太重了。他请皇太后削去刘贺的王号，仍旧让他回到昌邑去，另外给他两千户作为生活供应。但是昌邑那批玩乐的臣下害得昌邑王落得这么个下场，众臣建议应当处斩。只有中尉王吉、郎中令龚遂、老师王式可以免刑。皇太后一一照准。

霍光他们既然废去了刘贺，就得再选择一位像样的君王。

第三十三章 故剑情深

光禄大夫丙吉上书给大将军霍光,推荐汉武帝的曾孙刘病已,说他有才有德,可以继承皇位,请大将军和大臣们商议。霍光先个别地向一些大臣征求意见,有的说刘病已的确不错,有的不太知道他,可也不反对。太仆杜延年劝霍光把他接来。霍光是知道刘病已的,可是还不像丙吉和张安世的哥哥张贺知道得那么清楚。

刘病已是卫太子刘据的孙子。卫太子刘据生了个儿子叫刘进,因为刘进的母亲姓史,他又是汉武帝的孙子,所以称为史皇孙。史皇孙娶了王夫人,生个儿子,就是刘病已,又叫皇曾孙。卫太子刘据发兵把大胖子江充治死的时候,汉武帝正得病,他听了黄门苏文和御史章赣的话,认为太子造反，就派丞相刘屈氂发兵围攻太子。卫太子和他两个儿子都被杀了还不算，连史皇孙刘进和他的母亲，还有刘病已的母亲王夫人也都被杀了。那时候，刘病已刚生下来几个月，被关在长安监狱里。奉诏巡视监狱的就是丙吉。

丙吉见了这个生下来没多久的婴儿，心里有点不舍，就叫两个有奶的女犯轮流喂着他。丙吉还每天去巡视监狱，告诫狱卒不准虐待婴儿。后来汉武帝听了方士的话，派使者拿着诏书要把关在长安监狱里的人不论男女老少一律杀光。丙吉关着门，不准使者进去，对他说："上天有好生之德，皇上怎么可以乱杀人呢？再说监狱里面还有一个毫无过错的婴儿皇曾孙哪！"使者向汉武帝报告，汉武帝也觉得自己太过分了，就把监狱里的囚犯一概免了死罪。刘病已就这么保全了性命。

丙吉又替皇曾孙刘病已想办法，写信给京兆尹，请公家收养这个婴儿。偏偏当时那个京兆尹最怕事，不肯答应，弄得丙吉不知道把这个没爹没娘的婴儿放在哪儿好，就只好自己来照顾他了。他养了一两年，皇曾孙偏又多病多灾，老看医吃药。最后一次病好了的时候，丙吉给他起个名字叫"病已"，意思是"病已经过去了"。后来丙吉打听到史皇孙的姥姥家史家住在乡下，还有刘病已的舅祖父史恭和舅曾祖母，他就把刘病已送到史家。史恭见到了这个外孙，史老太太见到了这个外曾孙，又是伤心又是高兴，他们就把他养了起来。

刘病已到了四五岁的时候，汉武帝临终下了个命令，把他的曾孙刘病已交给掖庭令张贺看管。张贺曾经伺候过卫太子，对卫太子的孙子格外爱护，还教这孩子读书。刘病已着实用功，张贺就更喜欢他了。张贺想把自己的孙女嫁给他，偏偏兄弟右将军张安世不同意，张贺就给刘病已娶了平民许广汉的女儿做媳妇。刘病已喜欢读书，也喜欢斗鸡、跑马、游山玩水，观察风土人情。丙吉把他推荐给霍光的时候，他已经十八岁了。

霍光又和丞相杨敞商议了一下，请丞相带头向上官皇太后上书，先封皇曾孙为阳武侯，然后立阳武侯为皇帝。皇太后同意了。刘病已做了皇帝，就是后来的汉宣帝。

大臣们认为立了皇帝就得立皇后。这时候，霍光还有个小女儿没出阁。大家都琢磨着除了大将军的女儿，谁还配做皇后呢？他们还没说话，可是汉宣帝已经猜透了他们的心思，就绕着弯子下了一道命令，说他在微贱的时候有一把宝剑，请大臣们把那把旧的宝剑找来。大臣们这才知道了汉宣帝的心思，他们就请立许氏为皇后。于是许氏被立为皇后。汉宣帝还想依照以前的规矩，封皇后的父亲许广汉为侯，可是霍光不同意，说他在卫太子的案子中已经受了刑罚，不应当再封为侯，汉宣帝也就放弃了。

霍光还是高兴不起来，就向汉宣帝辞职，说他年老了，想要退休。汉宣帝很诚恳地挽留他，还吩咐大臣们有公事先告诉大将军，然后再奏明皇上。这样一来，霍光的权力就更大了。不但如此，霍光的儿子霍禹，侄孙霍云、霍山，还有霍光的女婿、外孙这些亲戚都在朝廷上做了大官。霍光每回上朝，汉宣帝总是对他虚心得不能再虚心，恭敬得不能再恭敬。

汉宣帝即位以后，做的第一件好事就是大赦天下。过了八个

西漢故事

月，又免了天下的田租、赋税。接着，他要把他的祖父、祖母、父亲、母亲重新安葬，追加封号，表示不忘本的意思。大臣们都说应当这么做，皇上真是个孝子贤孙。汉宣帝一想，要做孝子贤孙，干脆做到底。他就下诏书，要大臣们商议增加宗庙音乐来歌颂汉武帝。皇帝下了诏书，还用商议吗？有的说："赶紧增加宗庙音乐！"有的说："赶快编写颂扬武帝恩德的歌词！"大伙儿都说："马上联名上书，一致同意诏书。"

大臣当中有个专门研究《尚书》的学者叫夏侯胜。他一瞧这么多的大臣谁也没认真商议诏书，只是乱哄哄地瞎奉承，直替他们害臊。他说："孝武皇帝虽然征服了临近边疆的敌人，设置了不少郡县，但是连年用兵，死伤了无数的人马，耗费了全国的财力。再说孝武皇帝奢侈无度，弄得天下贫困，老百姓妻离子散、流离失所；每次有了蝗灾，几千里的田地全成为荒地；有了军粮，没了民粮，害得老百姓不能过日子，甚至饿死人的悲惨情形也时有发生。直到今天，国家、百姓还没能恢复元气。请问他对于百姓有什么恩德可说？既然没有恩德，就不应当歌颂他。"

啊？！这还了得！大伙儿听了夏侯胜的话，好像被捅了窝儿的马蜂似的，都哄起来，朝堂上一片嗡嗡声。他们说："这是诏书，你怎么敢违抗？""你怎么敢毁谤孝武皇帝！"夏侯胜说："皇上叫我们商议，我们就该认真地商议。如果不准我说不同的话，那还商议什么呢？诏书也不一定全都是对的，难道一味地奉承皇上，就算是尽了本分吗？"

他们觉得夏侯胜越说越不像话了。像他这么无法无天的傻瓜没法跟他评理，大家就联名上书，控告夏侯胜，说他毁谤孝武皇帝，藐视皇上，犯的是大逆不道的罪名。写好了奏章，一个一个地签上了名，满朝大臣谁敢逆风行船？没想到有个叫黄霸的大臣，他不肯签名。他说："一个有骨气的人不应该只顾自己的利害，不问是非！"他们认为黄霸又是一个硬骨头，硬骨头就该让他去碰钉子，就把他也控告在内。

汉宣帝下了命令，把夏侯胜和黄霸两个大臣关进了监狱。满朝百官都称颂汉宣帝是个有道明君，一致同意了诏书，制定了仪式，用歌舞来颂扬汉武帝。

单单依照诏书去办还显不出大臣们的聪明和忠心来。他们就更进一步，建议给汉武帝建立庙宇。当年汉武帝曾经巡游过四十九个地方。他们建议在汉武帝到过的每一个地方建立一座庙宇。汉宣帝自己倒没想得这么周到，他听从大臣们的建议，吩咐他们一一照办。他对于关在监狱里的夏侯胜和黄霸一时也想不出处理的办法，就一直让他们在监狱里待着。

夏侯胜和黄霸两个人关在一起，可以谈谈天，总算不太冷清。黄霸从小学习法令，他很痛恨酷吏。这会儿碰到了夏侯胜，正好向他请教，学点经书。他就请夏侯胜讲解经学。夏侯胜哈哈大笑，对他说："关在监狱里，快定死罪了，还读经干吗？"黄霸正经八百地说："老师，您也太小看人了。'早晨听到了道理，晚上死了也行。'我今天晚上还不一定死，为什么不能坐牢读经呢？"夏侯胜已经快九十了，见了这么一个"门生"，高兴得捋着雪白的胡子直乐。他就天天给黄霸讲解《尚书》，谈论着古代帝王和将相得失、成败的道理。

他们被关了两年，才释放出来。此后他们还是继续研究《尚书》，有时候也喜欢谈论谈论历史上的人物。聊着，聊着，黄霸一不留神又聊到霍光头上去了。他说："大将军的权太大，他越来越专制了。"夏侯胜拦住他，说："谈谈古代的人吧。我们都年老了，犯不着再去坐牢。你要读经，还是在家里读吧。"

大臣们都知道霍光专制，哪儿知道霍光家里还有个专制的老婆哪。

第三十四章 霍家的败亡

霍光的原配夫人死得早,她只生了一个女儿,嫁给上官安做夫人,就是上官皇太后的母亲。霍夫人有个使唤丫头叫显儿,因为是霍家的丫头,她就叫霍显,还生了几个儿女。霍夫人一死,霍光就把霍显扶正做了夫人。

霍显还有个小女儿成君没出嫁。赶到汉宣帝即位,霍显就打算把成君送进宫里去,将来可以立为皇后。偏偏汉宣帝叫大臣们去找他的旧宝剑,他们就立许氏为皇后。霍显还不死心,她打算废去许皇后。

到了汉宣帝即位第三年,许皇后怀孕期满,快生产的时候,忽然害起病来。汉宣帝连忙嘱咐医生好好地给她看病、吃药,还叫女医淳于衍(淳于，姓；衍，名）进宫去伺候皇后。

女医淳于衍跟霍显原来有点来往。这次奉命进宫，到霍家去辞行，顺便托霍显替她丈夫在大将军跟前说几句好话，提拔提拔他。霍显抓住这个机会，对淳于衍说："你们的事包在我身上，你们将来还能够大富大贵。可是我也有一件事儿拜托你，不知道你肯不肯？"淳于衍说："只要夫人吩咐，我一定尽力。"霍显咬着耳朵嘱咐了她一番，末了加上一句，说："大将军统管天下，谁不怕他；天塌了有地接着，什么事有我哪。"

淳于衍把附子捣成粉末，藏在口袋里，到宫里伺候许皇后去了。许皇后生下了一个女儿，也没有什么大病，只是产后乏力，吃点丸药罢了。丸药是由几个医生共同配成，由淳于衍伺候许皇后服下去的。许皇后服下了丸药，没有多少工夫，就觉得头痛，越痛越厉害。她含着眼泪，说："怎么吃了丸药就这么不好受？难道里面有毒吗？"淳于衍安慰她，说："不要紧，过一会儿就好了。"一面说，一面请医生们都来看病。医生们赶到，也查不出什么毛病。又过了一会儿，许皇后两眼一翻，咽了气。

汉宣帝亲自把许皇后入了殓，又是伤心又是怀疑。他正在悲伤的时候，有人上了奏章，说皇后突然去世，准是医生们的过失，应当从严追究。汉宣帝立刻批准，吩咐有关的官员查办医生。淳于衍和别的医生都被逮捕了。审了几堂，谁也不肯承认。审判官只好把他们都押在监狱里，每天提审。

霍显听到了这个消息，怕这么审问下去，淳于衍可能会招供出来。她只好把事情的前后经过告诉了霍光。霍光听了，气得手脚冰凉，连声说道："你你……你怎么不早跟我说？这这……这是要灭门的呀！"霍显哭哭啼啼地说："事情已经到了这步田地，后悔也来不及了。还是请您想个办法救救全家的性命吧！"霍光想去自首，可又没有这份勇气。愁眉苦脸地合计了半天，他认为胳膊折了在袖子里，自己人再不好，还是得包涵着点儿，只好替她瞒下去。

他上朝见了汉宣帝，说："皇后晏驾，想是天命如此。如果一定要惩办医生，恐怕有伤皇上的仁厚。再说，这些医生哪敢这么大胆到宫里去下毒呢？"汉宣帝听了大将军的话，就把淳于衍他们都免了罪。

天大的祸事过去了，接着是喜事临门。霍光得到了汉宣帝的允许，把小女儿成君送进宫去。汉宣帝失去了"旧宝剑"，倒也喜爱"新宝剑"。过了一年，就立霍成君为皇后。

霍皇后的派头跟平民出身的许皇后大不相同。许皇后衣着朴素，待人接物小心谨慎，每五天一次到长乐宫去朝见上官皇太后，遵守孙媳妇的礼节。霍皇后的服装、车马、仆从的阔气劲儿不必说了，就连上官皇太后也不放在眼里，论起娘家的辈分来，上官皇太后是霍光的外孙女，她还得称霍皇后为姨母呢。为这个，上官皇太后见了霍皇后，往往站在一边，对她特别恭敬。

女儿做了皇后，外孙女本来是皇太后，自己是废了昌邑王、立了汉宣帝的大司马大将军，霍光的威风就不用提了。可是不论他怎么威风，到头来还是个死。霍成君立为皇后的那一年，霍光得病死了。

故事里的中国历史

二三〇

汉宣帝在霍光临死的时候，就拜他的儿子霍禹为右将军，继承他父亲的博陆侯，封他的侄孙霍山为乐平侯，让他继承骠骑将军霍去病的血脉。汉宣帝虽然封了霍禹，可是不愿意他像霍光那样专权，就拜张安世为大司马车骑将军兼尚书。自此，汉宣帝亲自掌权。第二年，汉宣帝立许皇后的儿子为皇太子，封许皇后的父亲许广汉为平恩侯。他担心霍家不高兴，就封霍光的侄孙霍云为冠阳侯。这样，霍家有了三个侯，就是博陆侯霍禹、乐平侯霍山、冠阳侯霍云。

霍氏一家三个侯，还是不大满意，尤其是霍家的太夫人霍显。她指望着自己的女儿将来生个儿子就是皇太子，怎么汉宣帝偏偏这么心急立了许皇后的儿子呢？她觉得不够称心，可是人家背地里已经说霍家的权太大。御史大夫魏相早已请汉宣帝注意霍家的儿子、孙子、侄儿、侄孙、女婿、娘舅、外甥他们的行动。

霍家的威风劲儿不必说，就是霍家的奴仆们也够张狂的了。有一天，霍家的奴仆们跟御史大夫魏家的奴仆们碰上了。霍家的奴仆们吆喝一声，叫御史家的奴仆们让道。他们不让，霍家的奴仆们动手就打，一直打到御史府里面，还大叫大嚷地说要揍死他们。还是御史大夫亲自出来赔不是，吩咐自己的奴仆们向霍家的奴仆们磕头谢罪，才算了事。可是御史大夫魏相并没因此丢了脸。老丞相一退休，汉宣帝就拜魏相为丞相，丙吉为御史大夫。

这么一来，霍太夫人慌了。她到了宫里，偷偷地嘱咐女儿霍皇后去毒死太子，免得将来吃他的亏。霍皇后听了母亲的话，随身带着毒药，屡次请太子吃饭，想趁个机会下毒。汉宣帝早已防着了，他嘱咐保姆一时一刻也不得离开太子，每次霍皇后请太子吃饭，必须先由保姆尝过，然后递给太子。霍皇后没法下手，只好背地里咬着牙咒骂。

汉宣帝留心观察，看出霍皇后有点古怪。他不但疑心霍皇后对太子不怀好意，还疑心到许皇后也许是被霍家毒死的。后来他也听到宫廷内外三三两两地议论着霍家的厉害。他就秘密地跟丞相魏相商量着怎么对付霍家。

霍家掌握兵权的人真不少。汉宣帝怎么着也得想办法把霍家压下去，表面上逐步把他们都升了级，实际上收回了他们的兵权。他把霍光权势最大的女婿度辽将军范明友升为光禄勋，把霍光执掌禁卫军的女婿中郎将任胜升为安定太守。过了几个月，又把霍光的另一个女婿，还有霍光的外甥女婿、霍光的孙女婿等等一个一个调到外边去做太守或者做别的大官。最后，汉宣帝拜霍禹为大司马，官衔跟他父亲霍光一样，但是不让他掌握兵权。汉宣帝拜他的亲信张安世为卫将军。未央宫、长乐宫和长安城的所有守将由许家（汉宣帝的丈母家）、史家（汉宣帝的外祖母家）的子弟来担任，由卫将军张安世做总管。

霍禹因兵权被夺去，告了病假，不去上朝。人们当然说他不好。霍禹、霍山、霍云他们还总听到有人控告霍家，虽然汉宣帝没查办他们，但他们已经急得日夜不安了。他们就去告诉霍太夫人，还说："京都里议论纷纷，说许皇后是咱们毒死的，这从何说起啊？"霍太夫人只好把他们领到内室，打开天窗说亮话，把淳于衍下毒的事说出来了。霍禹他们听了，不由得跺着脚，说："这这……这怎么干得出来啊？"霍太夫人、霍禹、霍山、霍云都着急得像热锅上的蚂蚁似的，还是霍禹胆大，他说："先下手为强，后下手遭殃。干脆把皇上废了，才能够转祸为福。"

这时候又进来了霍光的一个女婿和霍云的舅舅的一个心腹，他们都是来报告祸事的。他们说："现在魏相和许广汉专权用事。请太夫人去请求上官皇太后，先想办法杀了这两个人，皇上就孤立了。然后再请上官皇太后下道诏书就可以把皇上废去。"他们就决定这么干。

不想霍家人半夜里讲的话早已泄露出去，那个献计的心腹和另一个霍家的门客都被逮了。还是汉宣帝顾及霍家，不准手下人为难霍家的人，也不追究下去。霍家知道消息被泄露了，更加着急。他们就约霍家的女婿们准备一同起来谋反。可是他们还没发动，汉宣帝已经下了命令，把霍云、霍山免了职，让他们各自回家去。霍家还不肯罢休，他们定了计策：由上官皇太后出面邀请汉宣帝的外祖母进宫喝酒，请丞相魏相、平恩侯许广汉作陪，嘱咐范明友他们突然打进宫去杀魏相和许广汉；然后请上官皇太后下诏书废去汉宣帝，立霍禹为皇帝。这是他们的如意算盘。可是他们的如意算盘又被汉宣帝探听出来了。

到了这个时候，汉宣帝才下诏书逮捕霍家全族的人。范明友得到了这个消息，慌忙跑去报告霍山、霍云。霍山、霍云吓得灵魂出窍，他们还没来得及定定神，就有几个家奴上气不接下气地跑来说："太夫人府上已经被士兵围住了。"范明友、霍山、霍云三个人知道逃不了啦，都服毒自杀了。

霍太夫人、霍禹娘儿俩连服毒的工夫都没有，就被抓了去。霍太夫人不愿意多受罪，把淳于衍毒死许皇后、霍皇后藏毒药准备毒死太子等等一股脑儿都招供了。审判完了，霍显被杀头，霍禹被腰斩。不但霍家被灭了门，霍光的女儿、孙女、女婿、孙女婿等都被杀了，其他跟霍家谋反有关的几十家也全都处了死刑。霍皇后当然被废了。

第三十五章 功臣画像

匈奴自从壶衍鞮单于即位以来，贵族争权，国内不团结，越来越衰落了。等到壶衍鞮单于一死，匈奴出了五个单于，他们互相攻打，根本没有力量再跟汉朝作对。其中有个单于叫呼韩邪，他杀掉了一个主要敌手，又打败了别的几个单于，几乎算是统一匈奴了。想不到呼韩邪单于的哥哥自立为郅支单于（郅 zhì），他们又打起来了。

郅支单于兵力很强，他杀了另一个单于，回头又来攻打他的兄弟呼韩邪单于。呼韩邪单于因为连年打仗，已经死伤了不少人马，这会儿又打了几个败仗，不知道怎么办才好。

匈奴的大臣左伊秩訾王（訾 zǐ）替呼韩邪单于献计，劝他去投靠汉朝，说："得到了汉朝的帮助，才能够平定咱们的内乱。"呼韩邪单于问大臣们可不可以这么办。多数的大臣说："不行。咱们一向以战斗出名，邻近的部族哪一个不知道咱们的威名？现在弟兄之间互相争夺，就算死了哥哥，还有兄弟，子孙仍旧可以做首领。汉朝虽说挺强，究竟不是匈奴。咱们投靠汉朝，明明是违反古代沿袭下来的制度，丢祖宗的脸，更会被列国笑话。即使投靠了汉朝能够暂时安定一下，可是怎么还能够做各部族的领袖呢？"

左伊秩訾王说："话不是这么说的。一个国家有时候强、有时候弱，情况会有变化。现在汉朝正强盛，乌孙这些国家都做了汉朝的臣下。咱们自从且鞮侯单于以来，一天天地衰落下去，一时不能再兴盛起来。虽然勉强支持着，可是没有一天安定的日子。现在摆在面前的只有两条路：投靠汉朝就能安定；不投靠汉朝就灭亡。要想生存，没有比投靠汉朝更好的办法了。"

大臣们议论了好久，不能决定。呼韩邪单于听从了左伊秩訾王的话，决定结交汉朝。他带领着部下，到了南边，先派他儿子右贤王去侍奉汉宣帝，还要求汉朝让单于到长安来会见中原皇帝。

汉宣帝召集大臣们商量用什么仪式去接待呼韩邪单于。丞相、御史认为匈奴是夷狄，单于的地位比不上诸侯王。他来会见，就应该用比接待诸侯王低一等的仪式去接待他。太子太傅萧望之不同意这种说法。他说："匈奴是一个国家，单于并不是大汉的臣子，他的地位比诸侯王高。他是第一个亲自到我们这儿来的单于，朝廷应当奖励他，不要把他当作臣下看待。咱们能够这么有礼貌地对待匈奴，别的部族也就容易结交了。"

汉宣帝采用了萧望之的主张，下了一道诏书，说要像招待贵宾一样去招待匈奴单于，他的地位在诸侯王之上，让他称为外臣，可不必像臣下那样在皇帝面前叫自己的名字。

公元前51年（甘露三年）正月，匈奴呼韩邪单于亲自来会见汉宣帝。汉宣帝派使者送给他一套最讲究的衣帽、一颗金印、一把宝剑、一张弓、四支箭、十支戟、一辆头等的车子、十五匹马、二十斤黄金、二十万钱、七十七套衣服、八千匹绸缎、六千斤丝绵。使者举行了赠送礼物的仪式以后，就迎接单于到了长平（在泾水的南边，离长安五十里）。

汉宣帝从甘泉宫返回长安，也到了长平，他请呼韩邪单于到建章宫再相见，还下了道诏书，说明：会见的时候，请单于不要下跪，单于的大臣们都可以列席。于是，呼韩邪单于的大臣们和各部族的君长、王侯等一块儿去迎接汉宣帝，到渭桥的就有几万人。汉宣帝上了渭桥，大伙儿全都高呼"万岁"。呼韩邪单于先到了长安的公馆里，然后再到建章宫去参加盛大的宴会。汉宣帝送了不少礼物给单于，又请他参观了各种珍宝。

呼韩邪单于和他的大臣们在长安住了一个月，到了二月，他们准备回去。呼韩邪单于向汉宣帝请求，让他们住在漠南光禄塞外，万一郅支单于再来攻打，可以帮忙守住受降城。汉宣帝答应了，还派长乐卫尉高昌侯董忠、车骑都尉韩昌带着一万六千骑兵护送单于到了漠南，吩咐他们留在那儿帮助单于。这时候，匈奴正缺少粮食，汉朝送了不少粮食去救济他们。前后送去的共有三万四千斛。匈奴人见呼韩邪单于得到了汉朝的帮助，都不敢不服他了。

呼韩邪单于十分感激汉宣帝,一心跟汉朝和好不必说了,就是西域各国也都安定下来。以前乌孙以西直到安息这些地方的部族,凡是接近匈奴边界的都害怕匈奴,小看汉朝。这会儿他们一听到匈奴跟汉朝和好,呼韩邪单于还亲自到长安会见了汉朝的皇帝,他们就都派遣使者来跟汉朝打交道,汉宣帝甭提有多高兴了。

郅支单于也怕汉朝帮着呼韩邪单于去打他,因此呼韩邪单于派儿子来侍奉汉天子以后,郅支单于也派自己的儿子来侍奉汉天子。后来,郅支单于带领着部下往西去,离匈奴故城七千多里,他还不断地派使者来访问汉朝。

汉宣帝认为,如果汉朝没有那么多立过大功的臣下,怎么能够结交这么多的部族呢?他就把以前和现在的功臣一个个地回想了一番,挑出其中他认为功劳最大的十一个人,吩咐画工选用各种材料,再凭着自己的想象把他们都画在麒麟阁上。每一个画像底下写上功臣的官爵和姓名。只有一个功臣最不好办,那就是霍光。论他的功劳,谁都比不上;论国家的法令,他们家是被灭了门的。大功臣在历史上不能不给他一个最高的地位,大罪人又不应该传扬后世。他的画像底下,汉宣帝就叫单写官爵和姓,而不写出名字。那十一个功臣前后次序如下:

大司马大将军博陆侯姓霍氏
卫将军富平侯张安世
车骑将军龙额侯韩增
后将军营平侯赵充国

西汉故事

二三九

丞相高平侯魏相

丞相博阳侯丙吉

御史大夫建平侯杜延年

宗正阳城侯刘德

少府梁丘贺

太子太傅萧望之

典属国苏武

这十一个人当中，只有萧望之还活着。按理说，他应该排在最后，怎么反倒排在苏武的前面呢？苏武的威名，不但匈奴知道，别的部族也都知道。苏武在世的时候，做典属国，专门管理招待外宾的事。他跟匈奴夫人生的那个儿子苏通国早已回到汉朝，做了郎官。国内、国外的人都佩服苏武，认为他是个了不起的人物，现在麒麟阁上倒把他排在最后。有人说，正因为他是个最出名的人，才这么安排，好让外人见了，觉得像苏武那样的人物还只能放在最后，就更不敢小看中国了。

第三十六章 外戚和宦官

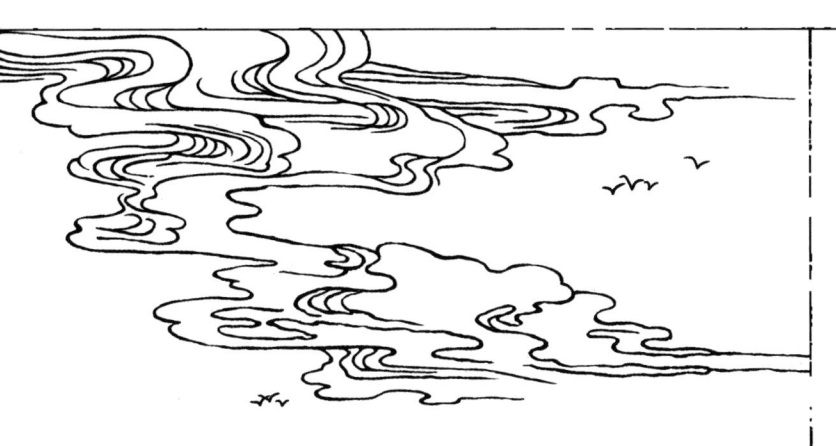

汉宣帝死了以后，太子即位，就是汉元帝。汉元帝立王政君为皇后，封王皇后的父亲王禁为阳平侯。

阳平侯王禁有四个女儿、八个儿子。大儿子叫王凤，第二个女儿就是王政君。王政君还有一个叫王崇的兄弟。这三个人都是王禁的正夫人生的。王禁有几个妾，她们生了六个儿子、三个女儿。王政君做了皇后，父亲封了侯，王家的子弟就阔起来了。这时候，他们还没掌握大权，朝廷上地位最高的是大司马史高，其次是前将军萧望之和光禄大夫周堪。

大司马史高是史恭的儿子，全仗着皇亲的关系做上了大官，自己可没有什么本事。朝廷大事多半由萧望之和周堪拿主意。再说他们两个人都是汉元帝的老师，汉元帝格外信任他们。史高只好退居下风，做个有职无权的大官。萧望之又推荐了刘更生（楚王刘交的玄孙）和金敞（金日䃅的侄孙）给汉元帝。四个人同心协力地辅助着汉元帝，劝他注重文教，减轻捐税。汉元帝倒也能够听从他们的话。史高就更觉得自己没有势力了，他就结交宫里的两个宦官一块儿去对付萧望之他们。

那两个宦官，一个叫弘恭，总是拱肩缩背的，个子又小，活像一只瘦猴，另一个叫石显，肥头大耳朵的，长相十分体面。他们原本是汉宣帝宫里的内侍。汉宣帝看到霍光一家子被灭了门，就想到大臣掌了权，已经不容易对付，再加上他们的子弟、女婿和子弟、女婿的子孙都做了官，那一家子的势力就会更大。由于这个原因，他认为还不如任用一些不能娶媳妇的单身汉，他们没有子孙，也没有女婿外孙子，就不必怕他们变成像霍家那样的大家族了。汉宣帝这才重用了两个宦官，让他们随身伺候着，替他管理管理大臣们的奏章和别的公文。瘦子弘恭就这么做了中书令，胖子石显做了仆射。汉宣帝在位时算是个精明的君主，他们在他的手底下还不敢为非作歹。汉元帝的才能远远比不上他的父亲。说他是个糊涂虫吧，有时候他也很懂道理；说他懂道理吧，可有时候又糊涂透顶。他不但不能利用弘恭、石显，反倒被弘恭、石显所利用。这么干，朝廷上不闹乱子才是怪事。

宦官弘恭和石显正想结交外戚，树立私党，恰巧大司马史高找上门来。他们就串通一气，想法轰走萧望之他们，把朝廷大权抓在手里。

弘恭、石显见刘更生总劝告汉元帝亲近君子，远离小人，多么讨人厌！他们就跟史高商量妥当，趁着外边需要人的时候，向汉元帝推荐刘更生，把他调出去了。萧望之暗暗着急，赶紧想办法去找个能做谏官（劝告皇帝别做坏事的官）的人。刚巧有个会稽人郑朋上书给汉元帝，说是车骑将军史高派人在外面勒索贿赂，许、史两家子弟横行不法，欺压百姓。汉元帝把郑朋的控告书拿给光禄大夫周堪看。周堪请汉元帝让郑朋暂时住在金马门（相当于现在的招待所）等候召见。

郑朋还想巴结萧望之，写了一封信给萧望之，把萧望之比成周公、召公、管子（管仲）、晏子，还说如果有用得着他的地方，他就是做猪做狗也乐意。萧望之挺诚恳地接待了他，准备向汉元帝推荐，可是担心郑朋只是能说会道，未必真有德行，就派人去调查一下。调查下来，才知道郑朋是个作恶多端的小人。郑朋心想马上就可以升官发财了，没想到等了好些日子，还没有消息下来，就再去求见萧望之和周堪，可是都被拒绝了。

郑朋一见此路不通，大失所望。他就改变主意，去投靠许、史两家。许、史两家听说郑朋这小子向汉元帝告发他们，又去巴结萧、周两家，正把他恨到骨髓里去了。郑朋向他们发誓说："上次我实在是上了周堪和刘更生他们的当。都是他们不好，教我这么做的。现在我后悔得不得了，我愿意将功折罪，做猪做狗都行。"

他们就把郑朋收留下，还把他引荐给汉元帝。郑朋拜见了汉元帝，得意扬扬地出来，向许、史两家吹牛，说："我在皇上跟前揭发了前将军（就是萧望之）五个小过、一项大罪。"许、史两家听了，非常高兴，把他当作心腹。

还有一个不问是非、只想做官的人，叫华龙。他去投奔周堪，周堪知道他是个无赖，没用他。他就钻到许、史那一边去了。他们把他和郑朋联在一块儿，帮助两人结交弘恭、石显。弘恭、石显就叫郑朋和华龙向汉元帝上书，告发周堪和刘更生，说他们树立私党，排挤许、史两家。汉元帝看了，交给弘恭、石显去查问。

萧望之气得跟什么似的。他说："外戚占了高位，子弟骄横不法。周堪、刘更生忠心耿耿，他们不奉承外戚，可并没有什么坏主意。"

弘恭、石显向汉元帝报告，说："萧望之、周堪、刘更生欺蒙皇上，毁谤大臣，离间皇亲，一心想把大权掌握在自己手里。依我说，应该把他们都交给廷尉去查问。"汉元帝压根儿不知道"交给廷尉"是什么意思，他也不好意思问清楚什么叫作"廷尉"，就糊里糊涂地答应了。弘恭、石显传出命令去，把萧望之他们三个人下了监狱。

过了一会儿，汉元帝有事情要跟周堪和刘更生谈谈，叫弘恭、石显去召他们来。弘恭、石显回答说："他们已经关在监狱里了。"汉元帝大吃一惊，连声说："怎么？怎么？谁把他们关在监狱里的？"弘恭、石显磕头，说："皇上不是下了命令把他们交给廷尉了吗？"汉元帝这会儿可懂了，他说："不是叫廷尉去问问他们吗？谁叫你们把他们下了监狱？快把他们放出来！"

弘恭、石显出来，一直跑到大司马府中，跟史高商量。史高就去见汉元帝，对他说："皇上刚即位，全国的人还不知道皇上

西汉故事

的威信。这会儿把以前的太傅、少傅下了监狱,别人以为那一定是因为他们有罪。如果马上让他们官复原职,倒会被人家议论。还不如暂时免了他们的官职,将来再说吧。"汉元帝就糊里糊涂地下了一道诏书,让萧望之、周堪、刘更生去做平民。

公元前47年(初元二年)二月里,陇西发生了地震,城墙、房屋塌下来压死了不少人。七月里又来了一次地震。汉元帝害怕了,他认为这一定是因为他轰走了老师,得罪了上天。他就封萧望之为关内侯,又召周堪和刘更生回来,打算拜他们为谏大夫。弘恭、石显急得不得了,连忙对汉元帝说:"这两个人已经受了惩罚,做了平民,如果再重用他们,反倒显出自己的错处来。"汉元帝不作声。弘恭、石显知道再拦也拦不住,就说:"就是要用他们,也不能一下子升为谏大夫,叫他们做中郎就是了。"汉元帝被两个宦官捏在手里,窝窝囊囊地就依了他们,叫周堪、刘更生都做了中郎。

有一次,汉元帝同手下人谈话,说他打算拜萧望之为丞相。弘恭、石显听到了这个消息,急急忙忙地去跟许、史两家商量。他们死也不能让萧望之做丞相。

他们的鬼主意被刘更生探听出来了。他一定要告发弘恭和石显,可是又怕人家说他是萧望之的同党,就托他的一个亲戚出面,上书给汉元帝,劝汉元帝弃用宦官,重用萧望之。上书的事被弘恭、石显知道了。他们疑心是刘更生出的主意,就请汉元帝追究上书的人。汉元帝自然又同意了,上书的人经不起吓唬,都供出来了。刘更生又一次被罚做平民。

萧望之的儿子萧伋（jí）也上书给汉元帝，说上次他父亲无缘无故地被判入狱，这个冤枉得查查。汉元帝叫大臣们商议这件事。大臣们大多奉承有权有势的人，他们说："萧望之有了过错，自己不反省，反倒叫儿子上书替他辩护，有失大臣的体统，应当把他交给廷尉。"这会儿汉元帝已经知道"交给廷尉"是什么意思了，就说："太傅性子刚强，万一寻了短见，怎么办呢？"弘恭、石显说："谁都爱惜自己的性命。太傅并没有什么大罪，干吗要自杀呢？"汉元帝只好答应。

弘恭、石显得到了汉元帝的允许，就派武士们把萧望之的房子围住，又派使者作威作福地叫萧望之去受审。萧望之没了主意，问自己的门生朱云该怎么办。朱云重视名节，他劝老师不如自尽。萧望之仰天长叹说："我曾经做过将相，现在已经六十多了，再到监狱里去受侮辱，还不如死了好。"他就喝了毒药自杀了。

汉元帝一听到萧望之自杀，拍着大腿，咧着嘴说："我说他不肯到监狱里去的。你看，果然杀了我的好老师！"这时候正是中午，酒食摆上来，汉元帝该吃午饭了。他推开酒食，流着眼泪哭了起来。他把弘恭、石显召进来，责备他们不该逼死萧望之。弘恭、石显慌忙摘去帽子，趴在地下直磕头。汉元帝看见他们这么可怜，心又软了，就骂了他们几句算了。

萧望之自杀以后没有多久，弘恭得病死了。汉元帝叫宦官石显接替弘恭做了中书令。石显掌握了大权，朝廷上大半是他的人，周堪很难再见到汉元帝了。石显又老在汉元帝面前说周堪的坏话。最后，周堪难受得得了重病，不能说话。没几天，他就死了。

自从汉元帝即位以来，宦官掌权，排挤良臣，朝廷上一片乌烟瘴气，根本顾不上兴修水利等民生工程。每年不是水灾就是旱灾，饿死人的惨事层出不穷。再加贵族、豪强、地主、富商不断地兼并土地，剥削农民，朝廷只能依靠暴力镇压百姓。南方的珠崖郡（治所在今海南省海口市琼山区东南）早已发生了叛变，因为路远顾不上，汉元帝就放弃了那个郡。陇西的羌人也不服汉朝，右将军冯奉世又出了一次兵，总算镇压下去。西边的郅支单于强大起来，派使者来要求汉朝把他的儿子送回去，话还说得挺强硬，弄得汉元帝不知道该怎么办才好。

第三十七章 昭君出塞

郅支单于当初听到汉朝出兵帮着呼韩邪单于在漠南建立了国家，就率领部下往西去。他本想联络乌孙，壮大实力，但乌孙见汉朝支持呼韩邪单于，便杀了他的使者，并将消息告诉了西域都护。郅支单于没等回使者，却等来了乌孙的八千骑兵。他知道计划落空，便和乌孙军队打了一仗。虽然打赢了，但郅支单于不敢再逗留，又带兵往北去。他兼并了坚昆等三个小国，在坚昆建立了新都城，又强大起来了。

他派使者到长安来，要求汉朝把他的儿子送回去。汉元帝听从了大臣们的话，决定派卫司马谷吉为使者把郅支单于的儿子送到坚昆去。

御史大夫贡禹和博士匡衡不赞成这么办。他

们说:"郅支单于还没受到教化,坚昆离这儿又那么远,咱们派使者把他儿子送到边界上就行了。"

谷吉说:"中原跟匈奴能够交好还是交好的好。郅支单于的儿子在这儿已经十年了,朝廷一直优待他,现在不把他好好地护送回家,就在边界上把他一扔,不但以前对他的恩典全白费了,而且以后也许会结怨。依我说,要好就好到底。如果我能够到了那边传达朝廷的好意,使郅支单于也愿意跟咱们交好,那是最好;万一他没安好心,不讲道理,把我害了,他这么得罪了朝廷,必定越逃越远,不敢到边界上来。这样,死了一个使者就能够使老百姓免遭战祸,这对于国家是最合算的事,也是我的心愿。我愿意护送他到单于那里去。"

右将军冯奉世认为可以派谷吉去,汉元帝同意了。谷吉把郅支单于的儿子送到坚昆。郅支单于认为儿子做人质是件丢脸的事,这个仇非报不可。他还真把谷吉和随从的人都杀了。他知道这样肯定得罪了汉朝,汉朝是不会放过他的,又听说呼韩邪单于也越来越强大,就打算再往西逃去。刚巧西边的康居王派使者来约他订盟约,他就同意了。

原来康居屡次受到乌孙的攻击,很难对付。康居王和大臣们都认为匈奴原来是一个大国,连乌孙都是它的属国;现在郅支单于在外边很不得意,不如跟他联合起来去攻打乌孙,把它灭了,立郅支单于为王,让他住在乌孙,康居就可以不再受乌孙的欺负。他们这么决定,就派使者到坚昆去见郅支单于。

郅支单于非常高兴,他就率领部属往西到康居去。路上碰到寒流，冻死了不少人，到了康居只剩了三千人。康居王挺尊敬郅支单于，把自己的女儿嫁给他。康居王借着郅支单于的威名去吓唬邻近的小国，邻近的小国不敢不听他的。郅支单于就向他们借了兵进攻乌孙，一直打到乌孙的国都赤谷城，杀了不少人，把乌孙的牲口赶到康居去。乌孙不敢追，连西半边五千里的地方都不敢住人。

郅支单于打了个胜仗，再说匈奴本来是个大国，他又骄傲起来了。到了这时候，他不把康居王放在眼里。康居王的女儿劝他几句，他就把她杀了。他还杀了康居的贵族和好几百个康居的老百姓，好让康居人不敢不听他的指挥。康居的老百姓直怪他们的国王当初不该把郅支单于请了来。他们这才认识到跟老虎谈交情的，早晚是喂了老虎。郅支单于又强迫当地的老百姓花了两年时间给他筑了一座郅支城，也叫单于城。老虎有了山洞，什么都不怕了。他派使者到大宛和别的国家去，要他们年年进贡、纳税。这些国家不敢不依他。

汉朝三次派使者到康居，要把谷吉他们的尸首运回去。郅支单于不但不答应，还侮辱了使者。他说让使者活着回去，已经是恩典了。他还故意跟汉天子开玩笑，通过汉朝的西域都护上书给汉天子，说："我困居在这里，苦得很，我只好归顺强大的汉朝，派儿子来侍奉汉天子！"郅支单于瞧不起汉朝到了这步田地。

这时候，西域都护郑吉已经告老了，镇守乌垒城的是西域都护甘延寿和他的副手陈汤。陈汤对甘延寿说："郅支单于到了康居，侵略乌孙和大宛。如果这两国被他并吞了，他必然还要进攻别的国家，西域就太平不了啦。咱们不如把屯田的将士都用上，再带领一些乌孙的兵马，直接去打郅支单于，把他杀了。这是千载一时的大功。"甘延寿同意了，可是他说："先得奏明皇上，才好发兵。"陈汤说："朝廷上那些大臣是不会同意的。"甘延寿总觉得不应当自作主张，没有皇上的命令，怎么也不敢发兵。他正想上书给汉元帝，忽然得了病，就把这件事搁下来了。

陈汤趁着甘延寿在病中休养的时候，瞒着他发号施令征调了在西域屯田的汉兵和当地的人马，一共有四万多人。甘延寿病好了，才发觉四万多兵马已经会齐了。到了这时候，他没法阻挡，只好一面上书报告情况，自己请求处分，一面把兵马分作南北两路，绕道向郅支单于进攻。大军到了康居，离郅支城六十里扎营下寨。在那边逮住了几个康居的贵人，他们也正痛恨着郅支单于，巴不得把郅支城的情况告诉陈汤，还愿意给大军带路。第二天，大军又前进了三十里，扎了营。

郅支单于派使者来责问，说："汉兵干吗到这儿来？"汉兵回答说："单于上书，说困居在这儿苦得很，愿意归顺汉朝，还要去朝见汉天子。汉天子可怜单于离开了大国，住在康居，委屈了，才特地派都护将军来迎接单于。又恐怕惊动左右，才没到城下来。"郅支单于还是很强硬的，就发兵出来对敌。

一来因为甘延寿和陈汤计划周到，又得到了西域十五个国家的帮助，二来因为郅支单于不得人心，双方打了几仗，汉兵打下郅支城，砍了郅支单于的脑袋，把人头送到长安去。汉朝将士进了郅支单于的宫里，搜出了汉朝的两根使节和谷吉带去的诏书。

甘延寿和陈汤把郅支城里的金银财宝和牲口都拿出来，分别送给一起围攻郅支城的十五个国王和他们的将士们。他们全都欢天喜地地回本国去了。

郅支单于的人头送到长安，朝廷上议论纷纷。汉元帝认为甘延寿和陈汤立了大功，应当加封。中书令石显反对，他说擅自兴兵就该定罪，至多只能将功折罪。石显的话从表面上看来，跟当初萧望之反对汉宣帝封冯奉世为侯的话有点相像，可是从根儿上看，完全不一样。原来，石显曾经想把甘延寿拉过来，情愿把他姐姐嫁给甘延寿，甘延寿很干脆地拒绝了。石显这一气呀，直喘了三天三夜。这会儿不能把甘延寿治罪，怎么也不能让这小子立上大功。匡衡是跟石显有交情的，这时候，他做了丞相，完全支持石显。为这个，议论了好几天，汉元帝决定不下来。

正在这个时候，刘更生上书给汉元帝。他说："郅支单于恩将仇报，杀害天子的使者谷吉，又暴虐无道，扰乱西域，按理早该受到惩罚了。"他还说："立大功的不记小过，甘延寿和陈汤应当加封。"汉元帝总算听了刘更生的话，加封了两位忠臣，封甘延寿为义成侯，陈汤为关内侯。

汉朝杀了郅支单于，呼韩邪单于听到了这个消息，又是高兴又是怕。高兴的是郅支单于一死，他的匈奴王位可以坐稳了；怕的是汉朝这么强大，万一对他不满意，那可不是玩儿的。他就在公元前33年（竟宁元年）再一次到长安来会见汉天子，要求做汉朝的女婿，愿意一辈子和汉朝交好。汉元帝也愿意同匈奴和亲，就答应了。

以前匈奴很厉害，汉朝嫁给单于的得是公主或者宗室的女儿。现在呼韩邪单于已经投奔了汉朝，作为外臣，只要给他一个后宫的女子就可以了。住在掖庭里准备供皇上挑选的女子多着哪，随便赏一个给呼韩邪单于，就能让他满意。汉元帝吩咐掖庭令去传话：“谁愿意到匈奴去，皇上就把她作为公主看待。”

成百上千的女子被送入掖庭，她们中的大多数一辈子都见不着皇上，更没有伺候皇上的机会。她们好似关在笼子里的鸟儿，永远没有飞的份儿。能够出去嫁人的话，就是嫁给一个平民也足够称心。可是要她们离开本国，跟着匈奴到遥远的外族去，谁都不乐意。其中有个宫女叫王嫱，又叫王昭君，是南郡秭归（今湖北省秭归县；秭 zǐ）人。她很有见识，为了两国交好，也为了自己的终身，就向掖庭令说她愿意到匈奴去。

掖庭令正因没有人应征而焦急，难得王昭君肯去，就把她报上去。汉元帝命人把宫女图中的王昭君拣出来，仔细看看，觉得这个女子长得并不难看，可也不怎么漂亮，反正后宫女子有的是，他就在王昭君的画像上画个圈儿，决定把她嫁给呼韩邪单于。当时就吩咐几个专门办理喜事的臣下，准备嫁妆，择个日子，给呼韩邪单于成亲。

到了结婚那一天，王昭君到汉元帝跟前来辞行，她跪着说："臣女王嫱拜见万岁！"说着低下头去。汉元帝一瞧，觉得她又美丽又可爱，就问她："你是什么时候进宫的？"王昭君说出了具体的年月。汉元帝眼看这么一个美人儿送给呼韩邪单于，多少有点儿舍不得。可那只是在情绪上波动一下，就好像燕子飞快地掠过水面。他嘱咐了王昭君几句话，就让掖庭令带她去跟呼韩邪单于成亲。

呼韩邪单于娶了这么一个年轻美貌的"公主"，从心坎里感激汉天子。不说别的，那份嫁妆已经够让他高兴的了。光是绸缎布帛一项，就有一万八千匹，丝绵一万六千斤。从汉朝方面说，只要匈奴不来侵犯，边界上和临近的居民能免遭抢劫和屠杀，已经称心如意了。如今呼韩邪单于一心和汉朝交好，不但从此不再来侵犯边境，而且还跟汉朝一起守卫北方，汉朝怎么样优待他也都乐意的。因此，在呼韩邪单于夫妇离开长安那一天，汉元帝在宫廷里举行盛大的宴会欢送他们。

在宴会上，满朝文武百官和匈奴的大臣们都有说不出的高兴，只有汉元帝一个人憋着一肚子的不高兴。他这会儿见了新娘王昭君和新郎呼韩邪单于在一起，突然愣了。这么一个大美人儿像是天上掉下来的。他对着王昭君出神，大臣们向他道贺，匈奴的君臣们向他道贺，他只好皮笑肉不笑地应付着，心里头直跺脚。他皱着眉头想："原来她进宫已经这些年了。没见她，无所谓；那天见她一个人跪着，也不怎么样；为什么今天她跟着别人走了，才越看越舍不得？"他打算把王昭君留下，可惜太晚了。为了一个宫女，被大臣们议论，说他好色，还对外国人失了信，两国和亲眼看着没好结果，那可太不值得了。他定了定神，酸溜溜地让宴会继续下去。

汉元帝回到内宫，越想越后悔，越想越生气。再拿出宫女图来仔细看看，模样是对的，可是一点没有精气神，压根儿没有刚

故事里的中国历史

才见到的那种招人疼的劲儿。他认为这一定是画工捣的鬼。他怒了，他早就怒了，可是这会儿他找到让他泄恨的人了。

原来王昭君被送入掖庭的时候，照当时的规矩，由画工画了像，让皇上随时可以看，看中了才召她去伺候。那个画王昭君的画工叫毛延寿，是当时很出名的一个画家。他给宫女们画像，宫女们希望他画得好看点，都送礼物给他。那时候朝廷上下贪污勒索成风，光是宦官石显一个人就贪污了一万万。毛延寿很可能得到了不少额外的收入。汉元帝看了宫女图，直怪毛延寿没把王昭君画成大美人儿。左思右想，他认为是毛延寿害得他把这么一个大美人儿送给了匈奴。他怎么能不生气呢？当时就拿贪污勒索的罪名，把个倒霉的毛延寿杀了。

王昭君冒着刺骨的冷风，骑上马，在汉朝和匈奴官员的护送下，离开了长安。到了匈奴，住在塞外，从此见不到父母之邦，她心里不免难受，可是匈奴人都喜欢她，尊敬她。她看出匈奴人和中原人有不少相同的地方，慢慢地也就习惯那里的生活了。她一面劝呼韩邪单于不要专仗着武力去发动战争，一面把汉朝的文化介绍给匈奴。王昭君就这么安安定定地住在了匈奴。

王昭君出嫁以后没几个月，汉元帝死了，死的时候才四十二岁。太子即位，就是汉成帝。汉成帝立母亲王政君为皇太后，拜大母舅阳平侯王凤（王禁死了以后，长子王凤为阳平侯）为大司马大将军兼任尚书，母舅王崇为安成侯，还有五个庶出的母舅也都封了侯。外戚王家从此掌握了朝廷的大权。

第三十八章 攀断栏杆

大司马大将军王凤做的第一件事就显出他的厉害来了。他得到汉成帝的同意，夺去宦官石显的大权，叫他做个管理皇太后车马的官。从前奉承石显的那些大臣，像丞相匡衡、御史大夫张谭等，一见石显失了势，都告发他和他同党的种种罪恶。汉成帝就革去石显的官职，叫他回到老家去，又把和他一党的人都调到外边去。石显闷闷不乐，吃不下饭去，在路上得病死了。

匡衡、张谭虽然告发了石显，可是也有人告发他们，说他们当初不该跟石显串通一气。匡衡他们也觉得不能再像从前那样待下去了。他们就向汉成帝辞职。汉成帝还挽留他们。只是"花无百日红"，他们也长不了了。最后，张谭因为选举舞弊被革了职，匡衡因为他儿子杀人，自己又侵占了封地以外的土地四百多顷，被罚做平民。

这么一来，宦官和士大夫都被打压下去，朝廷上差不多都是外戚王凤一派的人了。汉成帝认为重用姥姥家的人也就是孝顺母亲，不信任母亲的娘家人，信任谁呢？

汉成帝这么信任王凤，当然又有人不乐意了。他们借着日食、地震、大水等的因由，指桑骂槐地说皇上不该重用姥姥家的人。可是也有人为了结交王凤，说皇上能够孝顺太后，就能逢凶化吉，遇难成祥。事情也真不凑巧，公元前29年（建始四年），连着下了十几天大雨，黄河决了口。馆陶、东郡一带四个郡、三十二个县，十五万顷地都遭了水灾。有的地方大水高出地面三丈，毁坏房子四万多所。朝廷一面派人用木船帮助老百姓逃难，逃到山坡上住下来的就有九万七千多人；一面发放粮食，救济灾民。等到天晴了，大水下去，才想办法去堵决口。

当时有人推荐水工王延世，汉成帝就派他去修理河堤。王延世叫人用竹子编成极大的筐子，里面装满石头子儿，用两只船夹着沉到水里去。这样把河堤的底子填满了，然后再在上面用石头和泥土砌成河堤。王延世召集了成千上万的民夫，费了三十六天工夫才把河堤筑成。王延世立了大功，被拜为光禄大夫，封为关内侯，得到了一百斤黄金的赏赐。过了两年，平原一带的黄河又决口，大水到了济南。王延世再一次动用民夫，费了六个月工夫，又把那一段的河堤筑好了。

王延世治理了黄河，人们就不能借水灾的因由怪汉成帝重用王凤了。汉成帝还重用王凤的兄弟。王凤原来有七个兄弟，两个已经死了，其余五个兄弟在同一天封为侯，人们就称他们为"五侯"。这一下，大司马大将军王凤就更加威风，连汉成帝都有点怕他。到后来，王凤可以不听汉成帝的话，汉成帝可不能不听王凤的话了。

有人推荐刘向（刘更生改名为刘向）的儿子刘歆（xīn），汉成帝召他进来，一看就很喜欢，当时就吩咐手下的人拿衣帽来要拜他为中常侍。他们都说："没跟大将军商量过，恐怕不行。"汉成帝说："这种小事情何必告诉大将军呢？"手下的人慌了，连着磕头，请皇上千万别这么干。汉成帝只好低声下气地跟王凤商量，征求他的同意。王凤挺干脆，坚决不答应。汉成帝没办法，只好算了。

王凤因为叔伯兄弟王音对自己百依百顺，就推荐他做了御史大夫。等到王凤一死，王音接着做了大司马车骑将军。这些王家门里的大官有太后王政君做他们的靠山，连皇上也不放在眼里。汉成帝也是个奇葩，他认为朝廷里有大臣，四方有将士，乐得坐享太平，快乐快乐。他原来是个好色之徒，除了皇后以外，别的妃子和宫女他也都喜欢。他有了这么多女人，可是就没有个儿子。好在他也不在乎，只要能够玩儿就行了。他还常穿上便衣，带着手下的人偷偷地到外面去玩。

有一天，汉成帝到了阳阿公主家里，公主请他喝酒，还叫家里的几个歌女出来唱歌、跳舞，伺候皇上。汉成帝一眼就瞧见其中的一个歌女长得特别漂亮，他越看越爱，就向阳阿公主要。阳阿公主当然答应。汉成帝就把那歌女带到宫里来，从此日日夜夜陪着她，爱她爱得掉了魂儿。这个歌女原来的名字叫赵宜主，因为长得娇小玲珑，跳起舞来灵巧得像燕子飞似的，就得了个外号叫"飞燕"。

赵飞燕已经够让汉成帝着迷的了，哪儿知道赵飞燕还有个妹妹。后宫里一个女官是赵飞燕的亲戚，她为了讨好汉成帝，就把赵飞燕的妹妹赵合德推荐了一番，说得汉成帝心里直痒痒，立刻派人去接。赵合德装腔作势地不肯动身，说必须有她姐姐的命令，否则就是死也不进宫。汉成帝向赵飞燕又起誓又许愿，总算得到了她的同意，把赵合德接到宫里来。

汉成帝爱上了赵家姐儿俩，废了原来的皇后，立赵飞燕为皇后，赵合德为昭仪（妃嫔称号，比皇后只差一级）。谏大夫刘辅上书反对，汉成帝就把他下了监狱，经大臣们联名求情，才免了死罪。

赵飞燕做了皇后，赵合德做了昭仪，一个住在中宫，一个住在昭阳宫。尽管这几年来，水灾、旱灾已经闹得全国老百姓快要活不下去了，不说别的，光是饿死在路上的人就有上百万，可是皇帝的马房里天天喂粮食的马就上一万匹。汉成帝有的是金银财宝，他把赵合德住的昭阳宫重新修整，一般的雕梁画栋不必说了，门槛全是铜的，还包上黄金，台阶是用白玉砌成的，墙壁上还嵌着玉璧、珍珠、翡翠什么的。什么都称心如意，可就是没有儿女，赵家姐妹一心想生儿子，竟然在宫中与人私会。汉成帝也老瞒着她们偷偷地去跟别的宫女来往。

光禄大夫刘向实在看不过去，可是他又不敢得罪皇上。他就借题发挥，写了一本书叫《列女传》，赞扬贤德的女子，又写了两本人物传记叫《新序》《说苑》。他把这几本书献给汉成帝。汉成帝看了，表面上大大地称赞了一番，转脸还是自己的老样子，任凭赵皇后和赵昭仪在宫里胡作非为。

赵昭仪对待宫女非常残酷。有一个姓曹的宫女生了一个儿子，汉成帝心里喜欢，可是不敢告诉赵家姊妹。他特地派了六个宫女去伺候曹氏娘儿俩。没想到这件事被赵昭仪知道了，她假传皇上的命令，把曹氏娘儿俩和那六个宫女全都杀了。

又有一个许美人，也生了一个儿子。汉成帝这会儿老老实实地告诉了赵合德。赵合德哭得死去活来，一定要自杀。汉成帝好说歹说地把她劝住了。她要瞧一瞧婴儿。汉成帝叫宫女把婴儿放在苇子编成的箱子里，偷偷给赵合德看了一会儿。完了赵合德吩咐宫女把婴儿送回去，暗地里打发人把那个婴儿给活埋了。

汉成帝把朝廷大权交给了外戚王家，这么荒淫无度地闹着，难道没有大臣出来劝阻他吗？原来自从谏大夫刘辅因为反对立赵飞燕为皇后，差点送了命以后，大臣们大多只想明哲保身，得过且过。在这些大臣之中，要数安昌侯张禹最老成，不少人把他当作榜样——既做了大官，又不得罪人。

张禹是汉成帝的老师，曾经做过丞相，前前后后得到的赏赐就有几千万，加上他自己又会弄钱，光是最上等的田地就买了四百多顷（就是四万多亩）。汉成帝虽说昏庸，但挺尊敬老师，还一个劲儿地送给他土地，有事没事总到他家里去请教。这时候，有不少人上书给汉成帝，一般都说天灾流行是由于外戚王家专权。

因为大家都这么说，不由得不叫汉成帝有点相信。汉成帝到了张禹家里，斥退了手下的人，亲自把这些奏章给张禹看，叫他出个主意。张禹因为自己上了岁数，子孙又弱小，担心现在得罪了王家，将来恐怕要吃他们的亏，就替王家解释了一番。老师的话错不了，汉成帝从此不再怀疑王家。大臣们知道了这件事，大多认为张禹做得对，他懂得做人的道理。

没想到这件事引起了一个小官的气愤。那个小官是萧望之的门生，叫朱云，是个县令。他上书给汉成帝，说有紧要的事求见皇上。汉成帝答应接见。朱云就在朝堂上指着大臣们对汉成帝说："如今朝廷上的大臣，大多是拿着俸禄不干事的匹夫，只顾自己，不管国家，患得患失，怎么能辅佐皇上呢？请皇上赐我一口尚方宝剑，斩一个奸臣的头，也好给大臣们个警诫。"

汉成帝问他："你要斩谁？"朱云说："安昌侯张禹！"汉成帝听了，好像屁股碰上了炭火，当时就蹦了起来，骂着说："小小县令竟敢毁谤我大臣，在朝廷上污蔑我师傅。你犯了死罪——推出去砍了！"

御史要把朱云推出去，朱云攀住宫殿的栏杆不走。两个人一个死命把对方往下拉，一个拼命攀着栏杆不放，这么拉拉扯扯地忽然哗啦一声响，栏杆被攀断了。朱云大声嚷着说："我能到地下去跟龙逢、比干在一块儿，心满意足了。可是朝廷……朝廷怎么办呢？"他的声音发抖，眼泪也掉下来了。

大臣当中也有打抱不平的，左将军辛庆忌再也按捺不住。他摘下帽子，在殿下磕着头，说："这个臣下说话素来直爽，还有

二六四

点傻。要是他说的话不错，不可杀他；要是他的话错了，就宽容他吧。我情愿拿我的生命替他求情。"辛庆忌一个劲儿地磕头，把头都磕出血来了。汉成帝看到辛庆忌脑门子流血，总算消了气，免了朱云的死罪。

后来修栏杆的时候，汉成帝见了，就说："别修了，留着这个破栏杆做个纪念，也算表扬忠直的臣下。"可是这个忠直的臣下从此不再做官。他在家里收了一些门生，教教书，过着清淡的日子。

公元前9年（元延四年），定陶王刘欣（汉成帝的兄弟刘康的儿子）来朝见汉成帝，还一个一个地拜见了宫里的长辈，送了不少礼物。皇太后王政君、皇后赵飞燕、昭仪赵合德，还有大司马王根（皇太后的兄弟；王音死了以后，王商为大司马，王商死了以后，王根为大司马）都得了好处。他们因为汉成帝没有儿子，觉得能够结交一个他所喜爱的侄儿，将来也有个靠山。他们就劝汉成帝把定陶王刘欣当作太子。

汉成帝也正这么想。过了一年（公元前8年），他就立刘欣为皇太子。那年冬天，大司马王根得了重病，他推荐皇太后的侄儿新都侯王莽来代替他。王根死了以后，大臣们也都推荐王莽，汉成帝就拜王莽为大司马。

第三十九章 谦恭下士

皇太后王政君有八个弟兄，二兄弟王曼死得最早，没能够封侯，他有两个儿子，大儿子结婚以后没多久就死了，小儿子就是王莽。王莽一向孝顺母亲，尊敬嫂子，对待伯伯、叔叔挺有礼貌。他伯父王凤执掌朝廷大权的时候，王莽的六个叔叔和叔伯弟兄们都好像互相比赛似的，看谁更骄横、更奢侈。只有王莽虚心待人，努力学习，穿的衣服跟穷苦的读书人差不多。当时人们都说只有他才懂得孝悌忠信。伯父王凤和叔父王商都在太后和汉成帝面前保荐王莽，朝廷上有名望的大臣也上书称赞王莽。汉成帝就封他为新都侯，叫他做了光禄大夫侍中。

王莽做了官，对人更加恭敬，做事特别小心。

等到王根一死，汉成帝拜他为大司马，叫他掌握朝廷大权。王莽做了大司马，用心搜罗天下人才。远近的知名之士，有来投奔他的，他都收用。他总把自己的俸禄和皇上赏给他的东西分送给别人。他特别注重节俭，家里的生活比一般的官员还要差些。有一回，王莽的母亲病了，大臣们都派自己的夫人去探问。大司马夫人细心地招待了客人，那些夫人们回到家里，都说大司马家比平常人家还要俭朴，大臣们因此更加尊敬王莽。皇太后王政君有了这么一个内侄，这份高兴也就不用说了。

公元前7年（绥和二年，汉成帝即位第二十六年）二月，有一天，汉成帝在赵昭仪的宫里过夜。第二天，赵昭仪已经起来了，汉成帝刚穿上一只袜子，突然倒在床上，不能言语了。赵昭仪慌忙派人去请医官，可是已经不行了。这可算是出了大事，吓得宫里头上上下下都慌了神。消息传到外面，大臣们和长安的老百姓议论纷纷，都说皇上是被赵合德害死的。皇太后下了一道诏书，吩咐大司马王莽和御史、丞相、廷尉查问皇上突然死去的原因。赵合德怕追究自己以前做的事情，便服毒自杀了。

汉成帝做了二十六年皇帝，只因酒色过度，死的时候才四十五岁。太子刘欣即位，就是汉哀帝，尊皇太后王政君为太皇太后，皇后赵飞燕为皇太后。汉哀帝自己的父亲定陶王刘康早已死了，这会儿尊为定陶恭皇，尊母亲丁氏为恭皇后（第二年改称帝太后），尊祖母傅氏（汉元帝的妃子）为恭皇太后（第二年改称帝太太后，后改称皇太太后）。汉哀帝早就娶了傅太后的内侄女，她就被立为傅皇后。这样，外戚傅家和丁家就有不少人封了侯，

故事里的中国历史

傅太后掌握了大权，还想管住汉哀帝。

王莽眼看着外戚王家斗不过外戚傅家。他要反对，可是说不出口，因为自己就是太皇太后的内侄。太皇太后要反对，可是她也说不出口，因为自己就是大司马王莽的姑姑。太皇太后就以退为进，下了一道诏书，叫王莽避开。王莽上书向汉哀帝辞职。汉哀帝派大臣们去恳求太皇太后，对她说："皇上听到太皇太后下了这道诏书，非常难受。皇上说如果大司马不复职，皇上也不敢再管理朝政了。"太皇太后就叫王莽回来，仍旧叫他做大司马。

有一天，汉哀帝在未央宫摆了酒席，请的是太皇太后、恭皇太后、赵太后、恭皇后她们。太皇太后坐的当然是上首第一位，上首第二位留着给傅太后。大司马王莽一瞧见这么安排座位，就大声地问那个排座位的官员："为什么上首排着两个座位？"那个官员说："正中是太皇太后，旁边是定陶傅太后。"王莽责备他说："定陶太后是外来的妃子，怎么能够跟太皇太后并排着坐？撤下去！"

傅太后把鼻子都气歪了，她逼着她孙子皇帝轰走王莽。王莽听到了这个风声，只好辞了职。汉哀帝不敢再挽留，送了他五百斤黄金、一辆上等的车马，让他去"休息休息"。王莽一走，朝廷上的大臣们都说他有古代大臣的风度，有不少人为他打抱不平。

王莽回到自己的封地，大门不出，二门不迈，安分守己地过着日子。有一回，他的二儿子王获打死了一个奴婢。王莽大发雷霆，他一向反对虐待奴婢，怎么能容忍自己的儿子打死奴婢呢？他就逼着王获自杀了。那时候，做主人的私自杀害奴婢是要受到处分的，但并没有死罪。王莽认为杀害奴婢也得抵命。这件事一传出去，连老百姓都说王莽真是正直无私的好人。王莽在家三年，官吏和百姓上书替他说话的就有一百多起。

王莽辞职以后，朝廷大权就完全落在傅太后的手里，傅家、丁家的子弟都做了大官。汉哀帝又拜弄臣董贤为大司马，叫他执掌兵权，还让董贤的妹妹入宫做了昭仪。董贤的父亲董恭被封为光禄大夫，董贤的兄弟被封为驸马都尉，董家的亲戚也都做了大官。这么一来，董家的势力就比外戚傅家、赵家、丁家、王家都大了。

汉哀帝也像汉成帝一样，因为酒色过度，只做了六年皇帝，才二十六岁就死了。傅皇后、董昭仪、董贤他们只知道哭，不知道该怎么办才好。这时候，汉哀帝的祖母和母亲已经死了。太皇太后王政君坐着车到了未央宫，把皇帝的大印收过来。她到了东厢房，召大司马董贤，问他："丧事怎么办？"董贤不但从来没办过丧事，就是别的大事他也没办过。他摘下帽子，趴在地下，请太皇太后做主。太皇太后这才说："新都侯王莽曾经办过先帝的丧事，叫他来帮助你，好不好？"董贤连忙磕着头，说："好，好，这最好了。"太皇太后派使者去召王莽。王莽连夜动身，急急忙忙地赶到京都来。

王莽进宫，朝见了他姑姑太皇太后，他首先提出大臣们的意见，说董贤一无功劳，二无德行，三无能耐，不该占据高位。太皇太后点点头，吩咐他去跟大臣们商量着办。当时就有几个大臣趁机告发了董贤。王莽奉了太皇太后的命令，收回大司马董贤的兵权，把他免了职，并赶出宫去。董贤跟他媳妇一下子被逼得慌了神，当天都自杀了。他的家产归公，由官家估价发卖，共值钱四十三万万贯（一千钱为一贯）。

太皇太后下了一道诏书，叫大臣们推荐一个可以做大司马的人出来。大司徒孔光和几乎所有的大臣都推荐王莽，太皇太后就任命王莽为大司马。自此王莽就掌握了朝廷大权。

汉哀帝也像汉成帝一样，没有儿子。接连两个皇帝没有后嗣，论起血统来，最亲的是中山王刘兴的儿子刘箕子。刘箕子已经继承他父亲的地位做了中山王。大司马王莽和太皇太后王政君就派车骑将军王舜（王音的儿子，王莽的叔伯兄弟）拿着符节到中山国去迎接刘箕子。刘箕子到长安以前，朝廷上连挂名的皇帝都没有。太皇太后已经七十多岁了，国家大事就全由王莽做主。

大司马王莽把皇太后赵飞燕和傅皇后废做平民。过了一个多月，她们两个人都自杀了。那个已经死了的傅皇太太后革去尊号，改称为定陶恭王的母亲；丁太后也革去尊号，改称为丁姬。傅家、丁家的子弟都被免了职，只有一个傅喜（傅太后的叔伯兄弟）一向被傅太后排挤在外边，这会儿反倒受到了表扬。王莽请他到朝廷里来办事。大臣们都说大司马王莽办事公道，都愿意听他的命令。那时候，得到王莽重用的有孔光、王舜、王邑（王商的儿子）、甄邯（孔光的女婿）、甄丰、刘秀这些人。太皇太后对王莽非常满意，老给他奖赏，每次王莽都推辞，甚至流着眼泪趴在地下连连磕头，一定要他姑姑收回赏赐，他才起来。

过了两三个月，车骑将军王舜保护着中山王刘箕子到了。王莽就召集大臣们，请中山王即位，就是汉平帝。汉平帝才九岁，什么都还不懂。这样，太皇太后王政君就替他临朝，大司马王莽管理朝政。

王莽掌握了大权，已经能够号令天下，可是他还怕地位不够稳固。要是边疆以外的部族也能够像朝廷上的大臣那样顺服，那该多好哇。他这个心思，不是没人知道。益州的地方官带着外国的使者到长安来送礼。那个使者是从很远的地方来的，经过三道翻译才能够互相通话。据那个使者说，南方的越裳氏愿意跟汉朝结交，特地送来了一只白野鸡、两只黑野鸡。这两种山鸟是很名贵的，尤其是白野鸡，人们把它当作吉祥如意的象征。据说周公辅助成王的时候，越裳氏也向周朝送过一只白野鸡。想不到过了一千多年，到了现在，越裳氏又送白野鸡来。那么汉朝的王莽不就是周朝的周公吗？

大臣们商议了以后，一致请太皇太后加封王莽，又因为他是安定汉朝的大功臣，大伙儿建议称他为"安汉公"。太皇太后一一照准。王莽连忙告病假，坚决推辞封号和封地。他上了个奏章，说："就算我有点功劳，那也不是我一个人的功劳，一定要加封的话，请封给孔光、王舜、甄丰、甄邯他们。"太皇太后就任命孔光为太师，王舜为太保，甄丰为少傅，甄邯为承阳侯，然后再下诏书召王莽上朝受封。

王莽还是躺在床上不肯起来。大臣们一面联名请求太皇太后一定要加封王莽，一面都去劝他上朝。太皇太后又下了一道诏书，封王莽为太傅，尊为安汉公，加封两万八千户。王莽勉强接受了封号，坚决退还封地。他趁着这个机会，请求太皇太后把汉宣帝的曾孙三十六人都封为侯；诸侯、王公、列侯、关内侯当中没有儿子而有孙子的，就让他们的孙子继承祖父的爵位；皇族中因为犯了罪被废的，让他们的家属恢复原来的地位；两千石以上年老退休的官吏，终身给他们三分之一的俸禄；无依无靠、年老的穷人，也都给他们一些适当的照顾。太皇太后都批准了。这么一来，皇室、大臣和全国的官吏都歌颂着安汉公的恩德。为了提倡礼乐，王莽封鲁顷公的八世孙公子宽为褒鲁侯，叫他祭祀周公，封孔子的后代孔均为褒成侯，叫他祭祀孔子。

越裳氏的使者回去以后，第二年春天（公元2年；元始二年），南海有个国家叫黄支国，也派使者到了长安，送来了一只犀牛。王莽为了表示汉朝结交外国的诚意，就拿出很多名贵的礼品来，交给黄支国的使者去送给他们的国王。

黄支国的使者刚回去，中原就发生了旱灾、蝗灾，再加上繁重的苛捐杂税，全国又骚乱起来了。为了缓和百姓对朝廷和官吏的愤恨，王莽向太皇太后建议节约粮食和布帛，公家的伙食和衣服也都要节省一些。为了向全国将近六千万人口表示关心，王莽自己一家先吃素，他一下子拿出一百万钱、三十顷地交给大司农当作救济灾民的费用。他这么一带头，贵族、大臣当中有二百三十人，也拿出一些土地和房子来。

王莽做事这么面面俱到，对内对外都有一套办法，可是背地里还有人说他虚伪。他的大儿子王宇首先不赞成他。王宇最不满意的一件事，是他父亲不让汉平帝的母亲卫姬到宫里去。王莽担心汉平帝母亲一家将来独霸朝廷，就立卫姬为中山王后，叫她留在中山，不准到京都来。卫后只有这么一个儿子，年纪又小，就上书给王莽，要求让她到宫里照顾自己的儿子，王莽始终不答应。王宇害怕将来汉平帝长大了会怨恨王家，就跟他老师吴章、大舅子吕宽暗地里定下计划，打算装神弄鬼好让王莽同意迎接卫后。

没想到，计划失败，王莽派人拷问，才知道原来王宇那一党除了吴章、吕宽以外，还有卫后家的人。王莽就逼着王宇自杀，又把吴章、吕宽、鲍宣等好几百人都处了死刑。卫家只留下卫后一个人没死。从此，汉平帝的姥姥家怎么也不能再跟王家争权了。

甄邯他们向太皇太后报告，说安汉公大义灭亲，应当受到表扬。太皇太后下了一道诏书，把王莽表扬了一番，可是王莽受到的表扬还不只这一点哪。

第四十章 改朝换代

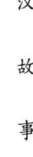

公元4年，汉平帝与王莽的女儿成亲，王莽的女儿被立为皇后。王莽做了国丈，大赦天下。

为了搜罗人才，培养儒生，王莽在京师设立了最高级的学府，给师生们盖了一万多间房子。凡是有专门学问的人都可以来应征。没多久，陆陆续续从各地来投靠王莽的学者有一千多人。他们研究的分别是经学、礼学、音乐、天文、兵法、历史、古书、文字等。这时候黄河发了大水，可这些学者和弟子们的学问派不上用场。王莽就又征求各地能够治理水患的人才，当时应征的也有一百多人。很多有知识、有技术的人全靠着王莽的提拔才有了地位，大家全都感激他。

王莽掌握了政权，太皇太后以下，不论贵族、大臣、地方官吏、学者，大都说王莽好，认为他的功德只有古代的伊尹和周公才能够相比。这样的功臣自然应当加封。太皇太后要把新野的土地两万五千六百顷赏给他，王莽一如既往，又坚决推辞掉了。

王莽派了王恽等八个大臣带着随从人员分头到各地去体察民情，汇集民间的意见。大臣们把王莽不肯接受新野土地的事情到处宣扬。那些中小地主和农民对于豪强兼并土地，害得种地的人自己没有土地，早都恨透了。一听说王莽连两三百万亩的土地都不要，都说那可真是个了不起的好人。王莽越是不肯受封，众人就越要太皇太后封他。朝廷上的大臣，地方上的官吏，以至一些平民，都纷纷上书要求加封安汉公。前后上书的一共有四十八万七千五百七十二人。

诸侯、王公、列侯、宗室还到太皇太后面前磕头，说："要是不快点拿最高的荣誉赐给安汉公，天下的人都不答应了。"他们一定要太皇太后把九种最高的赏赐（古文叫"九锡"；"锡"就是"赐"）给安汉公。那九种赏赐是：最讲究的车马、像王袍那样的衣服、乐器、朱红色的门户、有屋檐的台阶、三百名卫兵、先斩后奏的刀斧、表示征伐的弓箭、祭祀用的香酒。

太皇太后就把这九种最尊贵的赏赐赏给王莽。王莽推辞了一番之后，只好接受了。他就更想采用周朝的文教、礼乐，把自己当作周公。正好皇族里有个泉陵侯刘庆，他上书给太皇太后，说："周成王小的时候，全由周公代理；现在皇上还很年轻，应当请安汉公代行天子的职权。"太皇太后叫大臣们去商议，大臣们都说："应当照刘庆的话做去。"王莽就真像周公那样做了汉平帝的代理人。

这还不算,王莽派出去体察民情民意的王恽等八个人都回来了。他们拿出写的各种各样歌颂王莽的文字,一共有三万多字,说这些都是从老百姓那里采集来的歌谣,足见全国人民有口皆碑。王莽的威望就更高了。

那年(公元5年,元始五年,汉平帝即位第五年)十二月"腊日"(汉朝以冬至后第三个戌日为腊日),大臣们欢聚一堂,给汉平帝上寿。王莽按照当时的仪式,亲自献上一杯椒酒。汉平帝接过来喝了。想不到第二天宫里传出话来,说汉平帝病了。第二天,他病得更厉害。王莽要做周公,就想起周公的故事来了。原来周武王得病的时候,周公愿意代替他死,写了一篇祷告文藏在箱子里。王莽也像周公那样,写了一篇祷告文藏在前殿的一只箱子里,加上封条,表示他暗暗地祷告上天让他代替汉平帝去死。又过了六天(丙午那一天),汉平帝死了。因为汉平帝是喝了王莽献给他的那杯椒酒以后得病死的,反对王莽的人就说王莽在那杯椒酒里下了毒药。

汉平帝死的时候才十四岁,当然没有儿子,汉元帝也绝了后。要挑一个岁数小的继承人,只好从汉宣帝的曾孙里去找了。可是继承人据说还得比汉平帝晚一辈才行。王莽就挑选了汉宣帝的一个玄孙叫刘婴的,他才两岁,挺合适。大臣当中没有人反对,而且还有人重提刘庆的话:"应当请安汉公代行天子的职权。"

这时,偏巧有个长安的大官叫谢嚣的,他报告说,武功县令在挖井的时候,发现了一块白石,上面刻着这么几个字:"告安汉公莽为皇帝"。王舜马上把这个消息告诉给太皇太后。太皇太后说："这种话不能信！"王舜说："请安汉公代理一下，才能够安定天下。"太皇太后就下了一道诏书，叫安汉公像从前周公那样代替天子临朝。大臣们上书太皇太后，说是为了便于统治天下，安汉公应当有个更合适的称呼，在祭祀宗庙的时候，最好称为"假皇帝"（假，是代理的意思），老百姓和臣下就称他为"摄皇帝"。太皇太后同意了。

　　一转眼，就是新年了，换了个新年号，叫居摄元年（公元6年）。到了三月，王莽立汉宣帝的玄孙刘婴为皇太子，又叫孺子，自己代行皇帝之职，尊皇后（王莽的女儿，汉平帝皇后）为皇太后。汉高祖打下来的刘家的天下眼看着要落在王莽手里。这对于跟着王莽的一帮人只有好处，没有坏处，就是在朝廷里做大官的刘家子孙也不吃亏。可是另外一些刘家的子孙就不这么服气了。

　　安众侯刘崇首先起来反对。他对自己的一个心腹张绍说："王莽准会夺去刘家的天下，可是谁也不敢起来反对，这是我刘家的羞耻。我先起兵，全国的人一定会帮助我的。"张绍帮着他召集了一百多个部下。刘崇就带领着这一百多人冒冒失失地进攻宛城（今河南省南阳市）。宛城有几千名士兵守着，双方一交战，刘崇的兵马就垮了。刘崇和张绍死在乱军之中。

　　刘崇的伯父刘嘉和张绍的叔伯兄弟张竦（sǒng）担心王莽追究，就主动到了长安，请王莽治他们的罪。王莽为了安定人心，把他们都赦免了。刘嘉又上了一个奏章，歌颂王莽的恩德，还建议把刘崇的房子拆毁，挖成一个污水池，作为警诫。据说这是古时候的一种制度。王莽一心想恢复古时候的制度，心里早已点头了。他把刘嘉的奏章交给大臣们去商议，大臣们都说："应当照刘嘉的话做去。"王莽一高兴，就请太皇太后下道诏书，封刘嘉为侯。后来索性慷慨一下，把张竦也封了侯。

想不到第二年秋天，东郡太守翟义起兵了。翟义召集了皇族里的一些人，立东平王刘云的儿子刘信（汉宣帝的曾孙）为天子。他自称"大司马柱天大将军"，号召天下，说王莽毒死汉平帝，要夺刘家的天下，现在已经有了天子，大家应当起来去征伐王莽。刘信、翟义他们从东郡出发，到了山阳（郡名，治所在今山东省金乡县西北），已经有了十几万人马。

警报到了长安，王莽难受得吃不下饭去。他抱着三岁的孺子婴日日夜夜在郊庙里祈祷着。他还通告天下，说他只是代行职权，这个职权是要还给孺子婴的。可是不管他怎么说，刘信、翟义的大军已经向着长安打过来。王莽就派孙建、王邑等八位将军带着兵马去对付翟义。

正在这个时候，长安西边有两个壮士，一个叫赵明，一个叫霍鸿，他们眼看着王莽的大军都往关东去了，长安空虚，就率领当地的农民起义。他们占领县城，火烧官府，沿路招收青年子弟。没过多久，起义的人就发展到十几万。因为他们接近长安，未央宫里就望得见西边的火光。王莽又拜王奇、王级为将军发兵去镇压，拜甄邯为大将军守住城外，派王舜、甄丰他们带着卫兵日夜巡逻守卫宫殿。

孙建他们几位将军到了陈留，就跟翟义的军队打了起来。翟义全军覆没，自己也被杀了。孙建他们得胜还朝，王莽就封这次带兵的五十五人为列侯。他们接着往西去帮助王奇、王级。赵明、霍鸿他们勉强支持到年底，到了第二年（公元8年）春天，也被镇压下去了。

满朝文武都想做开国元勋，王莽也觉得假皇帝管不了天下，还不如痛痛快快地做个真皇帝。当时就有一批凑热闹的人，纷纷来报告"天帝的命令"，什么"王莽是真命天子"的图书也出现了……这类东西有个名称，叫"符命"（就是天帝注定立某人为天子的凭证）。一生以谦让出名的王莽，这会儿可不再客气了，他把汉朝改为新朝，自称新皇帝。因为孺子婴还没即位，皇帝的大印还由太皇太后掌管着，王莽就派安阳侯王舜去向她要。

太皇太后王政君到了这个时候好像又向着刘家了，她骂着说："你们一家好几代都受了皇恩，得了富贵。你们不知道报恩，辜负了汉朝的托付，趁着孤儿没有依靠，篡夺皇位。这种忘恩负义的人，猪狗不如。天下真有像你们这样的弟兄！你们既然受了符命，做了新皇帝，就该自己去做个玉玺。我这一颗是亡国的、不吉祥的玉玺，还要它干什么？我是汉家的老寡妇，就快死了，我还要把这颗玉玺带到棺材里去哪。"一边骂着，一边哭个不停。

过了好大工夫，王舜对太皇太后说："事情已经到了这步田地，我们做臣下的也没有话可说。安汉公要这颗玉玺，您也没法不给他。"太皇太后拿出玉玺来，往地下一扔，"啪"的一声，那颗玉玺摔坏了一只角。王舜把那颗缺了一只角的玉玺献给王莽，王莽叫工匠用金子补上。

二八一

公元 9 年正月，孺子婴被废为定安公，皇太后（就是王莽的女儿）改称为定安太后。西汉从汉高祖到汉平帝一共十二个皇帝，二百一十年的天下（公元前 202 到公元 8 年），到这儿就亡了。